这才是你该追的星

李四光

付小平　付翊霖 / 编著
于　尧 / 绘

电子工业出版社
Publishing House of Electronics Industry
北京·BEIJING

未经许可，不得以任何方式复制或抄袭本书之部分或全部内容。
版权所有，侵权必究。

图书在版编目（CIP）数据

这才是你该追的星. 李四光 / 付小平，付翊霖编著；于尧绘. —北京：电子工业出版社，2023.3

ISBN 978-7-121-44236-0

Ⅰ.①这… Ⅱ.①付… ②付… ③于… Ⅲ.①李四光（1889—1971）—生平事迹—少儿读物 Ⅳ.① K826.16-49

中国版本图书馆 CIP 数据核字（2022）第 171047 号

责任编辑：杨雅琳
印　　刷：天津善印科技有限公司
装　　订：天津善印科技有限公司
出版发行：电子工业出版社
　　　　　北京市海淀区万寿路 173 信箱　邮编：100036
开　　本：880×1230　1/32　印张：21.5　字数：430 千字
版　　次：2023 年 3 月第 1 版
印　　次：2023 年 3 月第 1 次印刷
定　　价：168.00 元（全 5 册）

凡所购买电子工业出版社图书有缺损问题，请向购买书店调换。若书店售缺，请与本社发行部联系，联系及邮购电话：(010) 88254888，88258888。

质量投诉请发邮件至 zlts@phei.com.cn，盗版侵权举报请发邮件至 dbqq@phei.com.cn。

本书咨询联系方式：(010) 88254210，influence@phei.com.cn，微信号：yingxianglibook。

我为什么要写这套书
——这是写给父母看的

当我家二宝小雨四岁多时,有一天,我们全家一起在外面散步,他突然看见路边长着一种锯齿形的野草,于是就欣喜地蹲下来仔细观察。等他起身后,我给他讲了鲁班通过仔细观察划破自己手的野草叶子发明了锯子的故事。

听完后,他竟然又蹲下身去再次观察路边的野草。一路上,他意犹未尽,不断地向我提了很多他好奇的问题:鲁班的手是不是很疼啊,他的锯子是用什么材料做成的呢,锯子是用来干什么的呀,等等。

从那以后,我每天都给他讲一个科学家的小故事。比如,钱学森上小学时,折的纸飞镖飞得总是又稳又准；茅以升小时候因听闻南京秦淮河文德桥倒塌的事故而立下造桥宏愿；李四光从小就对石头感到很好奇；等等。

他每一次都听得津津有味，还会提出很多稀奇古怪的问题，有些我绞尽脑汁都回答不了。每当此时，我就和他一起翻看百科全书或上网去寻找答案。

最令我意外的是，凡是我给他讲过的故事，经过一段时间后，他仍对其中的一些细节记忆犹新，甚至还能内化于心、外化于行。

记得我曾给他讲过钱学森在上大学时主动要求老师给自己扣分的故事。没想到，在他上小学二年级时，一次平时测验后数学老师给他打了满分，他主动去告诉老师，自己有个地方应该扣分。

回家后，他一五一十地给我讲了这件事情。他还告诉我，正是一年前我跟他讲过的钱学森的那个故事，让他明白了诚实比分数更重要的道理。

其实，自从我坚持每天给二宝小雨讲一个科学家的故事起，我就在想，这些既有趣又有意义的科学家故事，应该是很多小朋友都爱听的，并且还会让他们长久受益。

既然如此，我觉得自己有必要将这些科学家的故事整理成适合青少年朋友们阅读的图书。当我把自己的想法跟电子工业出版社的老朋友潘炜老师交流后，我们一拍即合，决定正式出版一套给孩子励志的中国科学家系列丛书。

于是，三年多前，我开启了这套书的创作之旅，经过反复打磨、多次修改，终于在今年春节后全部定稿了。

作为这套书的作者，同时也是两个孩子的父亲，为了能让这套书尽可能帮助到孩子的成长，我想就家长朋友们关心的几个问题，分享自己的几点思考。

1. 为什么要让孩子读科学家的故事？

您或许会有这样的疑惑，我家孩子将来并不一定会成为科学家，那还有必要花时间读这套书吗？

我想说的是，每个孩子都有自己的人生志向，也不必都把孩子往科学家这条路上指引。但是，很多科学家之所以后来成了伟大的科学家，恰恰是小时候的某个经历为他播下了一颗种子，并在父母的极大鼓励和悉心呵护下，最终才长成了一棵参天大树。

我们这套书的第一辑，一共写了五位近现代的中国科学家，他们几乎都是家喻户晓的伟大人物，大部分在中小学课本中出现过，可以说每位科学家在孩子们的心目中应该都称得上是"大神"级的人物。

他们的一生中发生过无数故事，或可歌可泣，或惊心动魄，或催人奋进。这其中的某个或某些故事，最后很可能就在不知不觉中，成为激励孩子实现伟大梦想的种子。这一点，或许才是最重要的。

2. 为什么要鼓励孩子把科学家作为偶像？

您或许会有这样的疑惑，孩子的偶像可以有很多，为什么一定要鼓励孩子把科学家作为自己崇拜的偶像呢？

我想说的是，每个孩子的偶像也许有很多，可以是北京冬奥会上那些拼尽全力才站到领奖台上的体育明星，也可以是足智多谋、运筹帷幄的政治家和军事家，还可以是文采飞扬、下笔如有神的文学家和大作家。但是，科学家身上有一种独特的精神和气质，能带给孩子们不一样的人格力量和学习动能。

我自己在写作和修改书稿的过程中，就一次又一次在精神上得到洗礼，在灵魂上得到升华，在人格上得到滋养。我相信，您的孩子在阅读科学家的故事时，也一定能收到同样的效果。更为关键的是，他们还是在人生观和价值观逐步成型的这一重要成长时期收获的。这其实也是我为什么要让正在读初中的大宝伊伊，一起参与部分书稿的撰写和修改的重要原因。

3. 为什么要采用第一人称写作？

您或许会有这样的疑惑，为什么要用第一人称模仿科学家本人的语气来写他们的故事？

我想说的是，全部采用第一人称的口吻、以科学家自述的方式撰写，主要是为了让孩子们感到更亲切，就像面对面听科学家讲自己的故事一样，让他们产生身临其境、历历在目的阅读快感，让孩子们跟随这些科学家去体验他们跌宕起伏的人生经历。

此外，我要特别指出的是，为了让孩子们从科学家的人生经历中获得人生启迪和成长智慧的同时，还能尽量收获更多的科普知识，进一步拓展孩子们的视野，我们特意在每本书的每个篇章增加了"科普小贴士"这个板块。请记得提醒孩子在阅读过程中不要忽略它们。

最后，我还想说的是，在写作每一位科学家的故事时，我们查阅了大量可靠的资料，甚至还专程跑到这些科学家的纪念馆或故居实地走访。无论从书中获得的详实资料，还是在现场得到的一手资料，都尽可能确保真实和准确。但也难免会有疏忽或不当之处，所以还请各位朋友不吝赐教，多提宝贵意见，以便我们在今后的再版中进一步修改和完善。

你为什么要追这些"星"
——这是写给孩子看的

每个孩子都喜欢听别人的故事,无论虚构的神话或童话中的人物,还是史书中记载的真实人物,抑或小说中描绘的各种角色。但科学家的故事是不一样的,它们既是真实发生过的事情,也是被载入史册的历史,更是让你倍感亲切的身边事。

当然,再催人奋进、惊天动地的故事,如果讲得不好,难免会显得陌生和遥远,让你觉得"他的事"压根就"不关我的事"。再生动美丽、活灵活现的故事,如果没有人好好来写,难免会显得枯燥和乏味,让你吊不起自己的"故事胃口"。

现在,这些伟大的人与事,通过第一人称自述的方式,即将在你手上这套丛书中鲜活起来,在你眼前这些画面和文字中灵动起来。

那些本来陌生的科学家,一一跃然纸上,把他们一生所经历的风风雨雨、所创造的各种奇迹,像朋友聊天一样与你分享。原本如流水账的"某年某月某日发生某件事",如今却像电视连续剧一般,在你眼前一幕幕地放映。

这样读故事,一定会让你感到无比痛快,既扣人心弦,又触及灵魂。

我们有幸生长在一个伟大的时代。伟大时代呼唤伟大精神,也需要伟大的榜样引领,而这些伟大的科学家,就是最值得你崇拜的偶像,也是你最应该追的"星"。

真正的偶像,一定会有激发精神的力量。他们不仅是你的偶像,也很可能成为你的"幸运之神"。偶像对于我们的意义,就是要我们去学习他身上的优点,弘扬他身上的精神,然后激励自己去学习他、成为他、超越他。

每一位科学家身上,都体现了"胸怀祖国、服务人民的爱国精神,勇攀高峰、敢为人先的创新精神,追求真理、严谨治学的求实精神,淡泊名利、潜心研究的奉献精神,集智攻关、团结协作的协同精神,甘为人梯、奖掖后学的育人精神"。我相信,这些精神,一定能带给你榜样的力量,永远滋养你的灵魂。

真正的偶像,一定会给他人带来人生的引领。他们不仅是你的偶像,也能成为你的"梦想成真的护佑之神"。很多伟大的人物,虽然已经离开了这个世界,但并没有消失在黑夜里,反而化身为一颗颗耀眼的星星,照亮后人前行的路。

就像一百年前的李大钊先生,他就是那些希望改变中国、救亡图存的有志青年的偶像。每一位伟大的科学家,就是如今那些希望复兴中华、科技强国的有志青年的偶像。我相信,他们一定能带给你梦想的种子,始终指引你的人生航向。

真正的偶像,一定是会被时间记住的"明星"。他们不仅是你的偶像,也很可能帮助你消除对偶像的盲从。我们可以追的"星"有很多,但追星千万不可盲从。钟南山院士曾说过这样一句话:"成为偶像的目的就是要更好消除年轻人对偶像的盲从,通过偶像学到他们对问题的看法,更多地问问为什么。"

我们真正应该追的"星",他应该给人带来奋发的能量、向上的力量，能让我们成为更好的自己。就像把一生写在稻田里，把功勋写在大地上，"把中国人的饭碗牢牢端在自己手中"的袁隆平院士。

真心希望这套丛书，能带给你不一样的快意阅读，能让你找到值得追一辈子的"星"。

现在，就请你跟我一起走进科学家的世界吧！

新中国地质事业群星中最明亮的一颗

在中国广袤的大地上，人们曾经经常看见这样的场景：一位慈祥的老人带着几位年轻人，认真地敲打、观察不同形状的石头，时不时地举起放大镜，好像在欣赏珍贵的宝石。这位老人就是我国著名地质学家李四光。

李四光毕生致力于地球科学事业。他勤奋好学、博览群书、注重实践、悉心钻研、勇于创新，写下了数百万字的科学论著。

他是中国地质力学的创立者，是中国现代地球科学和地质工作的主要领导人和奠基人之一。他以科学家、地质学家的身份享誉全球。作为孙中山先生领导的中国同盟会的创始会员之一，他也是现代进步爱国知识分子的典范。

他提出了构造体系新概念，为研究地壳构造、地壳运动和地质工作开辟了新路径。他提出的古生物蜓科化石的分类标准与鉴定方法一直沿用至今，为微体古生物研究开拓了新道路。他创建了中国第四纪冰川学，为第四纪地质研究，特别是地层划分、气候演变、环境治理和资源勘查等，开拓了新思路。

为解决经济建设过程中出现的能源紧缺问题，李四光运用自己创建的地质力学理论和方法，组织开展石油地质工作，在分析中国地质构造特点的基础上，预测新华夏构造体系的3个沉降带具有大面积储油层，为摘掉我国"贫油"的帽子和石油工业的发展做出了重大贡献。

2009年，经中央批准，中央宣传部、中央组织部、中央统治部等11个部门联合组织开展评选"100位为新中国成立做出突出贡献的英雄模范人物和100位新中国成立以来感动中国人物"活动，李四光成功入选，颁奖词评价他是"新中国地质事业群星中最为明亮的一颗"。

新中国地质事业群星中最明亮的一颗

2009年10月4日,在李四光诞辰120周年之际,经国际天文学联合会小天体提名委员会批准,中国科学院和国家天文台把一颗小行星命名为"李四光星"。

目录
CONTENTS

001	01	我是李四光
004	02	从小与石头结缘
012	03	读新学堂，改新名字
019	04	留学日本，成为同盟会最小成员
025	05	回国任职，投身辛亥革命
030	06	再次留学，开启地质人生
039	07	创立蜓科化石鉴定的10条标准
050	08	探寻第四纪冰川遗迹
064	09	辗转流离，正气比石头还硬

078	10	一定要回到祖国
085	11	担任中国地质部首任部长
089	12	成为70岁的新党员
093	13	创立和发展地质力学
099	14	为中国摘掉"贫油国"的帽子
106	15	"地震是可以预报的"

01
我是李四光

亲爱的读者们,你们好,我是李四光。

1889年10月26日,我出生在湖北黄冈(今湖北省黄岗市)回龙山街(镇)下张家湾一个私塾教师家里。

我的爷爷是蒙古族人。因为家境贫寒,在清朝光绪末年,他从家乡辗转来到湖北黄冈回龙山下,在下张家湾村一座破庙里安顿下来。

为了生活方便,他入乡随俗,改姓李。他既通蒙古语,又懂汉语,于是在当地办了一家私塾,教孩子读书识字。空闲时,他还要上山砍柴变卖,这样才能勉强糊口。

我的爸爸卓侯从小跟随爷爷念书，成绩优秀，长大后顺利考中了秀才。

但是，他看轻仕途，选择继承父业——将村里的一座庙宇修缮一新，在那里开办"餐馆"，这是当地人对乡村私塾的俗称。在这个所谓的"餐馆"里，学生可以住宿，也可以生火做饭。我的爸爸终身都从事私塾先生这个职业。

我的妈妈待人宽厚，勤劳节俭，是一位朴实的农村劳动妇女。虽然没有读过书，但耳濡目染，也还是认得几个字的。

因为我在家里排行老二，所以爸爸就给我取名仲揆。我有一个哥哥，名叫伯涵。后来，家里又添了两个弟弟，一个叫叔和，一个叫季寿；两个妹妹，一个叫希白，一个叫希贤。

两代人辛苦积蓄下来的三亩地是当时整个家庭的主要财产，但是，全家老的老、小的小，劳动力不足，只好跟乡邻搭伙耕种。

由于人多田少，家里的生活开支还得靠私塾学生缴的一点学费来贴补。因为这笔收入也很微薄，我的妈妈经常纺线织布，赚点零用钱补贴家用。

科学家小故事

初识"孔孟心肝"四个大字

一天傍晚,李仲揆看见父亲在书房里奋笔疾书,就想进去看看父亲在忙什么。看见一张稿纸上赫然写着"孔孟心肝"四个大字,他不解地盯着父亲。

父亲拍了拍他的脑袋,对他说:"孔子和孟子都主张施行仁政,反对苛政,如今清王朝表面上尊奉孔孟之道,实则草菅人命、卖国偷生,所以,我们要号召中华儿女尽快觉醒,团结一致,推翻这个对内残暴统治、对外屈服于帝国主义的腐朽朝廷。"

他不解地问道:"那要怎么做呢?"父亲沉默不语,拿起笔在一张纸上龙飞凤舞地写了四个大字——"民主共和",然后严肃地对他说:"民主共和是国家大事,现在你可能还理解不了,但以后总会明白的。"

02
从小与石头结缘

> **科普小贴士**
>
> ### 古代也有地质
>
> 人类演化本就是地质学研究的范畴。人类自出现的那一天起，就开始了对地球的探索。在我国，"地质"一词最早见于三国时魏国王弼的《周易注·坤》，但当时还属于哲学概念。
>
> 中国早期的地学典籍记载了许多岩石和矿物知识。《山海经》将矿物分为金、玉、石、土4类。《禹贡》记述了多种金属矿物和非金属矿物。《管子·地数》中的"山上有赭者，其下有铁；上有铅者，其下有银"，论述了金属矿产的共生关系。
>
> 唐代的颜真卿和宋代的沈括都把山崖中的螺蚌壳视为沧海桑田变化的见证。沈括在《梦溪笔谈》中对"蛇蜃""石笋""螺蚌壳"等动植物化石做了较为准确的阐释。

> 宋代的朱熹明确指出，岩石"即旧日之土"，化石螺蚌壳"即水中之物"。他认为，由于地壳变动"下者变而为高，柔者变而为刚"，对地层和化石的形成进行了科学的解释。

在心里立下一个誓言

小时候，我最喜欢听爷爷讲故事。爷爷十分疼爱我，虽久病在床，但每当我想听故事的时候，他都会支撑着从病床上坐起来，摸摸我的头，然后就天南地北地讲起来。

可惜这样的日子并不长，在我5岁那年，爷爷病逝了。这一年恰逢中日甲午战争爆发的1894年。临终前，爷爷一再嘱咐我，今后一定要做一个善良、正直的人。

就在这一年，我开始跟着一位叫陈二爹的老先生识字启蒙。一年后，我转到爸爸执教的私塾开始念书。每天早饭前，朗读和背诵书文；饭后，听讲课，练毛笔字或作文写诗；晚上，跟哥哥一起挑灯学习，直至深夜。

我从小就喜欢动脑筋，遇到自己不能理解的事物，总要刨根问底，直到得到满意的答案为止。

有一次，爸爸因事要去附近的团风镇，为了让我增

这才是你该追的星
李四光

长见闻，他把我也带上了。一艘艘又高又大又长的轮船在江中行驶，仿佛一幢幢楼房在江面上航行。这是我第一次看见这么大的船，爸爸告诉我，那是火轮船。这也激起了我的兴趣。

我问爸爸它是用什么材料做成的，爸爸告诉我是用钢铁造的。我听了更加好奇：钢铁那么沉，居然也能浮在水面上。

也许是看出了我的满腹疑团，爸爸指着船上冒着浓烟的"大烟囱"对我说："看见那根大烟囱了吗？这根大烟囱下面有个大锅炉，锅炉里装满了水，工人们用煤炭把锅炉里的水烧开，水就变成了蒸汽，蒸汽累积越多，压力就越大，然后推动机器旋转，就能带动大船在水面上行驶了。"

"以后如果有机会看到海上的轮船和军舰，你会发现它们比这个大多了！"

爸爸继续说道："不过咱们还是缺少好军舰啊！前几年北洋水师和日本的军舰在海上大战了一场，但是我们自己造不了军舰，都是从外国买，在战斗力上，咱们总是差一截。"

"当时'致远'号军舰的管带邓世昌指挥全舰官兵奋勇作战,但被日本军舰包围,'致远'号受了重创,炮弹也用完了。邓世昌就下令开足马力向日军主力舰'吉野'号冲过去,想要与敌人同归于尽,但'致远'号即使使出最大的力气,也还是追不上'吉野'号,结果被日本军舰发射的鱼雷击中,舰上250多名官兵全部壮烈牺牲。"

听到这里,我感觉一股闷气憋在肚子里无处发泄。通过与父亲的这次谈话,我真正明白了中国在甲午海战中失利的原因。于是,我在心里立下了誓言:长大后去学造船,造出更快、更大的军舰,给中国人争口气,让中国人不再受外敌欺负!

"那块石头究竟是不是从天上掉下来的?"

小时候,我总是问个不停,但并不是所有事情都能从大人那里得到确切的答案,有些疑问也由此成了我后来探索的课题。

在下张家湾村的坪坝上有一块很高、很大的石头,我和其他小朋友一样,平时喜欢在这块石头上爬上爬下地玩。

久而久之,我产生了一个疑问:这块平地上的大石

这才是你该追的星
李四光

头究竟是从哪儿来的？为什么周围没有这种石头？为了得到答案，我从家里拿来锄头，在大石头下面挖，可是什么都没挖到。

于是，我就去找我的启蒙老师陈二爹，他是村里有名的见多识广的人，我希望从他那里得到关于这块石头的答案。

陈二爹也觉得这块石头奇怪，但从来没有深入思考过这个问题，只好对我说："别人都说，它是从天上掉下来的。"我对这个模棱两可的答案并不满意。

于是，我又跑去问爸爸，并把陈二爹的回答告诉了他。爸爸也说不上来究竟是怎么回事，只是就陈二爹的回答再深入解释了一番："那倒也是可能的。这是流星，天上的星星掉下来，就变成了石头，也就是'陨石'。"

我又疑惑地问道："那块石头究竟是不是从天上掉下来的呢？"

他想了想说："至于天上能不能掉下这么大的石头，我也不知道。"

直到离开家乡，我也没有找到这个问题的答案。于是，我只好先把这个疑问藏在心里。

从那以后，我就对石头特别感兴趣。走在路上遇到石头，我都会感到很亲切，那个问题也立刻浮现在脑海中。

喜欢动手制作一些小玩具

小时候,除了学习,我还喜欢动手制作一些小玩具。一把刀子,一把剪子,一把锥子,这就是我全部的工具。大门的门槛,就是我的工作台。我很喜欢做"船",有用木头做的小船,还有用铁片做的小汽轮。

有一年元宵节,我还给弟弟妹妹们做了"跑马灯""刘海戏金蟾""猴子打秋千"等彩色灯笼。

我将从山上砍到的竹子剖成细条,编成小巧精致的灯笼,涂上颜色,或者画些图画装饰,里边再点上蜡烛,一点也不比买的灯笼差。

我把自己做的这些小灯笼送给弟弟、妹妹当作新年礼物,他们十分高兴,遇人就自豪地说:"看,这是二哥给我们做的,比买的还漂亮!"

有一次,我还动手做了一艘小火轮。父亲跟我说小火轮是用钢铁做成的,我就抽空去洋铁铺,观摩师傅们干活,顺便捡些碎铁片回家。

回到家后,我就学着铁匠师傅们的样子,先在纸上画图样,然后照着图样剪好铁片,再用小锤子一点点地敲打成自己想要的模样。过了几天,我终于做成了一艘像模像样的小火轮。

爸爸看到后十分惊讶，妈妈也拿起小火轮，上上下下、前前后后地仔细打量。

"二哥，这个小火轮能在水里漂起来吗？"妹妹希白好奇地问道。

我笑着点点头，信心满满地说："走，咱们这就去试试！"

弟弟妹妹们听了，都跟着我出了家门，往池塘边跑去。村里的小伙伴看见后，也赶紧跟了过来。我小心翼翼地把小火轮放到水里，它果然漂起来了。

在大家的一片称赞声中，我更加坚定了埋在心底的那个愿望——长大以后学造船，造又大又快的船。

从那以后，每当休息的时候，我就动手做船。我常常跑到江边去看江上的船，回家后，再仔细琢磨，反复修改。

经过努力，我终于做出了各种各样的船——木船、帆船、篷船，还有铁皮做的小汽轮。同村的小伙伴们经常问我为什么要做这么多船。

我把爸爸讲给我的关于甲午海战的事情一五一十地告诉了小伙伴们。我还告诉他们，等我长大了，要造最好的船，为中国争口气。

科学家小故事

发明更省力的舂米方法

有一天,李仲揆看见母亲舂米时很吃力,就想寻找省力的方法。他围着舂米的工具研究了很久,又仔细观察人们舂米的动作,发现大家舂米时手是闲着的,只是用脚踩。

于是,他就开始琢磨:如果把手也用上,或许可以省点力气。他决定试验一下。

他向母亲要了一根结实的绳子,将一端拴在装有石头的踏杠上,然后把绳子吊到柱子上,另一端则抓在手里,脚往下踩的同时,双手用力拉绳子,这样果然省力多了。

这个方法经试验成功后,他就可以独自上阵了。这么小的年纪就能独自舂米?邻居们起初都不相信,亲眼看见他手拉脚踩地舂米后,都由衷地称赞他。

03
读新学堂,改新名字

> **科普小贴士**
>
> ### 徐霞客开实地考察先河
>
> 徐霞客与13世纪的西方大旅行家马可·波罗,分别被推尊为东、西方游圣。
>
> 徐霞客一生志在四方,足迹遍及今21个省、市、自治区,"达人所之未达,探人所之未知"。经30年实地考察,写下天台山、雁荡山、黄山、庐山等名山游记17篇,并写就了《浙游日记》《江右游日记》《楚游日记》《粤西游日记》《黔游日记》《滇游日记》等著作。
>
> 徐霞客去世后,他人将其记述整理成了60万字的地理名著《徐霞客游记》,被后人誉为"世间真文字、大文字、奇文字",徐霞客也被称为"千古奇人"。2011年,中国国家旅游

> 局宣布，将《徐霞客游记》的开篇之日，即5月19日，定为中国旅游日。

准备报考新学

自1902年起，在张之洞的主持下，湖北武昌先后开办了5所高等小学堂，分别称为东、西、南、北、中路新学。这些新学，既教学生学习"四书五经"，又教授一些现代科学知识。

到了1904年，湖北各地，特别是省城武昌，兴办新学的规模远远超过了全国其他地区。附近省县有志改革的青少年，都来到武昌求学，学堂歌中甚至有"湖北省，二百堂，武汉学生五千强"的说法。

考过秀才、办过私塾的父亲深知，这是一个千载难逢的机会。一天，我从地里干活回来，刚走到家门口，母亲就笑着迎上前来，让我赶紧去书房找父亲，说有要紧事跟我商量。我忐忑不安地来到书房，看见父亲端坐在书桌前，似乎正在思考什么。

父亲和蔼地指着旁边的凳子，示意我坐下，并说道："听说省城创办了几所新式学堂，我和你娘商量了一下，从明天起，你就不要下地干活了，认真复习，准备报考新学。"

我以为自己听错了，疑惑地问道："爹，您要让我报考省城的新学？"

看见我一脸惊讶，父亲不由得笑了："你没听错，我是打算让你考新学。不过，湖北省这么大，报考的人肯定不少，但只招收500人，考上的难度可不小呀！"说完，他就递给我几本书，让我抓紧时间学习。

1902年冬天的一个早晨，寒风刺骨，我穿着母亲用当年的嫁妆改制的蓝色棉袄，拿着父亲从乡亲们那里拼凑借来的路费，带着简单的行李，夹上一把旧雨伞，告别了父母和亲人，登上一艘前往武昌的小船，独自外出求学。

名字改为李四光

进了武昌城，我来到设在水陆街守备衙门内的湖北省学务处报名，准备参加入学考试。根据规定，我需要买一张考生登记表，并填写相关资料。

拿到登记表，我就兴奋地拿起笔开始填。由于过于兴奋和紧张，在表格首栏的"姓名"处，我竟然误写了自己的虚岁年龄"十四"，需要重新买一张登记表。可是，我当时实在舍不得花这个钱。

03 - 读新学堂，改新名字

于是，我目不转睛地盯着这个"十"字看了好一会儿，脑子里突然冒出一个想法：

在"十"字的两旁添上一撇一捺，在下边补个较小的"子"字，这样就变成了一个"李"字。姓名也因此变成了"李四"。可是，我又觉得"李四"这个名字实在太普通了。

左思右想之际，我抬起头，一眼就望见中堂上悬挂着的一块牌匾，刻着"光被四表"四个醒目的大字。"光"字让我眼前一亮。于是，我赶紧提起笔，在"四"字后面工整地写上"光"字。

填好表后，我在心里不停地默念："李四光、李四光。"我越念越振奋："四光、四光，光芒四射，光照四方！"

随后，我小心翼翼地把剩下的表格填好，交了上去。

从此，我的名字就由李仲揆改成了李四光。

入学考试开始后，我自信地走进考场。几天后，考试结果公布，我居然取得了第

一名的好成绩。

于是，我顺利地被西路高等小学堂录取。喜讯传开后，家里人都高兴不已，乡亲们也纷纷前来祝贺。从此，他们也都改叫我"四光"。

努力学习，获得公派留学名额

西路高等小学堂的环境跟我以前上的私塾具有天壤之别。新学堂高大敞亮，功能齐全，设有勤习所、自习所、养病所、图书器具所等。

更让我高兴的是，这个学堂是全寄宿制的。学堂提供全部食宿，每月补贴七两银子，可以为家里节省一大笔开支。我很节俭，每个月还可以省下一些银子，托人带回家里贴补家用。

学堂学制为四年，开设的课程有修身、读经、中文、算术、历史、地理、格致、绘图、体操九门。

这里的老师都很严格，第一堂课就告诉我们，一定要刻苦学习，报答国家对我们的培养。老师还告诉我们，如果每次考试都能获得前五名，以后就可以保送到美国、英国或日本留学，而且费用都由国家承担。

在这个学堂，我们每天上课六小时，其中，读经占两小时。因为从小在私塾学习，所以我的文科基础比较扎实，修身、读经、中文、历史和地理等课程学起来比较轻松。

我非常珍惜这个来之不易的机会，更加用功。

天刚蒙蒙亮，我就起床，借着点点星光看书。我如饥似渴地学习各科知识，对西方科学技术尤其感兴趣。通过学习数学及物理、化学等"格致"课程，我的逻辑思维能力逐渐提高。

在这里的每一天，我都过得很充实，各科成绩在班里一直名列前茅。通过努力，我获得了公派日本留学的名额。

科学家小故事

"长江里怎么还有外国军舰"

1902年，从黄冈到武昌的途中，李四光乘坐的小船逆流而上，老艄公用力地摇动船桨。刚到江心，他突然看见一艘挂着外国国旗的军舰正朝他们这边冲过来。

军舰激起的波浪使得他们的小船忽上忽下、左右摇晃，几乎要被掀翻。外国军舰过去后，江面才渐渐平静下来。他不解地问老艄公："老伯伯，长江里怎么还有外国军舰呢？"

这才是你该追的星
李四光

"孩子,你是头一次坐长江的船吧?自从清军被八国联军打败后,长江里的外国船就多了。"听罢,李四光低头不语。看着滚滚流逝的长江水,他又想起了自己造轮船的梦想。

"孩子,武昌到了!"老艄公的提醒打断了他的思绪,李四光连忙拿起行李,走下船去。

04
留学日本，成为同盟会最小成员

> **科普小贴士**
>
> **清政府选派留学生赴国外学习地矿**
>
> 19世纪后期，随着洋务运动的兴起和开发矿业的需要，清政府主动选派留学生，赴国外学习先进技术。
>
> 1872—1875年，清政府派遣4批共120名幼童赴美留学，这是中国历史上第一批由政府选派的官费留学生。其中，邝荣光、吴仰曾、邝炳光、陈荣贵、梁普照等15人学习矿务。回国后，他们从事矿冶工作，9人成为中国第一批地质矿冶工程师，其中，邝荣光最具代表性。
>
> 从1877年开始，清政府又从福州船政学堂和天津北洋水师学堂选拔81名优秀学生到英、法、德等国家学习。1880年回国后，他们对湖南、湖北、江西、贵州、陕西、四川、

> 山西、陕西等省区的煤、铁、铜、铅、金等矿源进行了普查，这是我国进行的第一次矿源普查，推动了近代中国地矿事业的发展与进步。

进入东京弘文学院学习

15岁那年夏天，我回到黄冈，辞别父母，随后从湖北顺长江而下，赶赴本届留日学子的集合地——上海，来自全国各地的留学生将从上海搭乘远洋轮船前往日本。大家很兴奋，都在畅想美好的未来。

按照留学生监督的规定，到达日本后，我们首先要进入东京弘文学院学习。鲁迅、黄兴、陈独秀等留学生，都是东京弘文学院的毕业生。

这是一所专门为中国留学生设立的普通中学。刚到日本的中国留学生，通常无法使用日语进行交流和学习，要先在东京弘文学院的普通科学习日文和初级中学的数学、物理、化学等课程，读满3年后才能报考日本的专科学校。

东京弘文学院有十几个教学班，每个班大约有四五十人，所有班级都以中国地名命名，这也让我们倍感亲切。

按照清政府的学部规定，我们每个月可以领取资助金33日元，扣除当月的学费和食宿费25日元，每月只有8日元可供自己支配。

因为从小过惯了苦日子，我并没有感到不适应。节省下来的钱，我会寄回国内，供弟弟妹妹们上学，希望能减轻父母的负担。

3年时间很快过去了，1907年7月，我以全优的成绩顺利从东京弘文学院毕业。

顺利从大阪高等工业学校毕业

从东京弘文学院毕业后，我取得了报考专科学校的资格。考虑到自己从小立下的为祖国造大船、快船的宏愿，我决定报考大阪高等工业学校的舶用机关科。

因为专科学校数量有限，日本对中国留学生入读日本高等专科学校的名额有严格限制。

中国留学生很少有机会进入高等专科以上学校，学习工、农、格致等实业专科的更是寥寥无几。大阪高等工业学校每年仅招收10名中国学生，我记得，当年报考该校的学生有1000多人。

不过，我最终还是如愿以偿了。1907年9月初，我的名字出现在大阪高等工业学校舶用机关科一年级新生的名单上。在这个有19名学生的班级里,只有我一个中国人。

大阪高等工业学校创办于1899年,设有机械、应用化学、窑业、酿造、采矿冶金、造船、舶用机关(船用机械)和电气8个学科,学制为3年。

根据大阪高等工业学校的规定,我和同班的日本学生一样,需要逐年学完以下课程:

第一学年,学习数学、物理、无机化学、力学及材料强弱论、舶用机关、制图、实修(相当于机械加工)和英语等课程。

第二学年,除了第一学年的科目,增加了冶金学、造船学等专业课程。

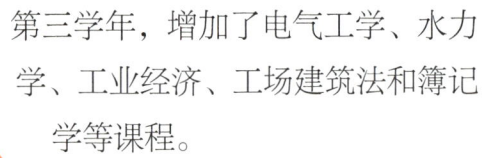

第三学年,增加了电气工学、水力学、工业经济、工场建筑法和簿记学等课程。

说实话,3年内学完这么多课程,还是很困难的。所以,学校规定,我们每周的学时为39~42小时。

因为课业繁重,我每天都异常忙碌紧张。为了更高

效地完成学习任务,我根据自己的实际情况,合理安排学习时间。

1910年7月,我顺利从大阪高等工业学校毕业。这一年,我刚好21岁。

加入同盟会,探索救国之路

我在东京弘文学院上学的时候,正值中国同盟会诞生前夕,以孙中山先生为代表的民主派宣传的革命主张在留日学生中的影响越来越大。

那个时候,虽然我的学习任务很重,但我仍然很关心祖国的前途和命运,关心革命事业。因此,我经常出入留学生会馆等场所,参加集会,聆听演讲。

1905年7月,孙中山先生来到东京,进行筹组同盟会的工作。年仅16岁的我成为孙中山在日本组建的同盟会的第一批年轻的会员,而且是当时年纪最小的会员。

孙中山先生亲切地对我说:"小小年纪就参加革命,很好,一定要'努力向学,蔚为国用'。"

科学家小故事

为孙中山抬棺

1925年3月12日,孙中山先生逝世。国民政府要选拔6个人为孙中山先生抬棺。

选拔的标准有三条:第一,与孙中山有密切关系;第二,为辛亥革命做过贡献;第三,对社会发展有重大推进作用。时任北京大学教授的李四光成了这6人中的一员。

1925年4月2日,参加完孙中山的祭奠活动后,李四光就来到中央公园社稷坛(今天的中山堂),为孙中山抬棺。

05

回国任职,投身辛亥革命

> **科普小贴士**
>
> **中国地质学是"西学东渐"的结果**
>
> 中国地质学是在传播和引入西方近代科学文化的过程中逐渐形成的,也是"西学东渐"的结果。
>
> 从16世纪后半叶开始,西方近代地学逐渐传入中国。西学的大量输入,唤醒了当时的开明士大夫,他们开始主动收集、翻译外文资料,以备参考。其中,《新撰地文学》和《最新地质学教科书》对我国地质学发展具有深远影响。
>
> 从引进、消化、吸收到本土化,再到建立中国地质学理论和方法体系,完成学科建制,中国地质事业经历了长达3个半世纪艰辛曲折的历史进程。

这才是你该追的星
李四光

组织工人运输军火支援前线

从大阪高等工业学校毕业后,我被派往武昌县花林湖北中等工业学堂任教。这个学堂是湖北当时唯一的工业学堂,有教职员18人,学生140余人,分3个班,附设有木模、锻工、翻砂、打磨等工场。

学堂还聘请了一位教理化的日本教员,我给他当翻译,同时兼任工场负责人。我对工场做了一番安排,制定了比较严格的实习要求。从学生转变为老师,我在感到新鲜之余,也深感肩上多了一份责任。

1911年10月10日晚上,轰轰烈烈的武昌起义爆发了。革命形势发展如此之快,超出我的预料。当时到北京参加留学生毕业考试的我还未回武昌。

这时,湖北留日同学高仲和从黑龙江来到北京,我们立即收拾行装一起南下武昌。到武昌不久,我就被委任为湖北军政府理财部参议一职。

这时的武昌处于反革命的直接军事威胁之下,从10月底至11月初,北洋军阀袁世凯一直命令他的军队猛攻汉口。

10月28日,黄兴、宋教仁也来到武昌。革命军在黄兴的指挥下英勇抵抗,经过激战,最后退保汉阳,汉口竟被北洋军放火烧了三天三夜。战事吃紧,我便组织码头工人和人力车工人运输军火,支援前线。

武昌起义点燃的革命烈火,很快燃遍大江南北,腐败的清政府终于土崩瓦解。

1912年1月1日,南京临时政府成立,孙中山就任临时大总统,正式改国号为"中华民国",并定1912年为民国元年。

古老的中国大地上树起了民主共和的旗帜,存续两千多年的封建帝制就此终结。

23岁被选为实业部部长

中华民国建立不久,我被委任为南京临时政府特派汉口建筑筹备员。

同盟会总部从东京移到了南京,并由秘密转为公开。湖北同盟会重新组织了支部,和共进会、文学社合并,石瑛为支部长,我为支部书记。

孙中山担任临时大总统后,认为兴办实业是"中国存亡的关键",并指示各省都督,设立实业司。

湖北军政府于1912年2月7日同时组织实业、教育两部，都督黎元洪召集各部处军镇的重要人物投票公选部长，我的票数最多，被选为实业部部长，那一年我23岁。

3月5日，根据南京临时政府内务部指示，实业部改为实业司，并由我担任司长。

我的任务十分艰巨，但我并没有气馁，立即查阅档案，到厂矿了解实情，制定规划，全身心投入重振湖北实业的工作中。

第二次离开祖国，继续寻找"科学救国"之路

由于领导辛亥革命的资产阶级的软弱性和革命的不彻底性，黄兴、宋教仁、汪精卫等人热衷于南北和议，孙中山先生被迫辞去临时大总统职务。

南京临时政府成立仅3个月，就把政权拱手交给了盘踞在北京的袁世凯。我的心情同不少革命党人一样，十分沉重。

经过反复思考，1912年7月，我以"鄂中财政奇绌，办事棘手"为由，多次向黎元洪提出辞职。

8月8日，袁世凯下令，湖北实业司长李四光呈请辞职，"准免本官"。

05 - 回国任职，投身辛亥革命

当时，曾在总统府服务的不少革命党人恳请孙中山先生，设法派遣他们出国留学。孙中山认为，他们"有功民国，向学甚诚，未便淹没"，指令列为特案，全部派遣出国留学。第一批共25名，分别派往英、美、德、法、日等国学习。

得知不少革命党人由公费派送出国学习的消息之后，我想到了自己，既然年龄还不太大，不如再读书10年，准备一份力量。

于是，我第二次离开祖国，远涉重洋，继续寻找"科学救国"的道路。

科学家小故事

成为中国历史上最后一批进士

1910年7月，李四光从大阪高等工业学校毕业，回到了武昌，被清政府派往武昌县花林湖北中等工业学堂任教。

1911年9月，李四光到北京参加留学毕业生考试，以81分的好成绩被列为最优等。

后来，清政府公布李四光为"工科进士"，就这样，李四光成为中国历史上最后一批进士之一。

06

再次留学，开启地质人生

> **科普小贴士**
>
> ### 中国第一张世界地图
>
> 明万历十年（1582年），意大利人利玛窦来到中国。1584年，利玛窦在肇庆绘制了第一张中文世界地图《坤舆万国全图》（又名《山海舆地图》），先后被12次刻印。该地图采用图文并茂的方式，既引入了纬度概念，又有非常明确的地方特产，还有其他各种各样的标注。
>
> 当这幅地图第一次被呈现于人前时，所有人都无比震惊，原来世界那么大，原来我们那么小，原来地球是圆的。
>
> 这张地图给古老的中国带来了西方的"新地球观"，西方近代地学开始在中国启蒙。

进入伯明翰大学就读

经过几十天的长途跋涉,我和王世杰等人终于到达伦敦。这里是近代科学和工业革命的发源地,车水马龙,大厦林立。但我深深地知道,伦敦的一切浮华都与我无关,我渴求的是能让祖国摆脱贫弱的先进科学知识。

我先到中国驻英使馆留欧学生监督处报到,按照自己的志愿,我决定学习采矿专业——学成归国,可以把我国的铁矿开采出来炼钢,这样就有造船的材料了。

由于我的英语还不熟练,数理化这些学科也还需要补习,我决定先进预科。

在英国的大学中,伯明翰大学的采矿专业较为著名,收费比历史悠久的牛津、剑桥等大学低一些,设施方面也不差。经过慎重考虑,我决定进入伯明翰大学就读。

填写好志愿书,经留欧学生监督处同意,我由伦敦来到伯明翰。

在一块平坦而开阔的土地上,伯明翰大学拔地而起。一进校门,绿草如茵,中央高耸着一座方形的尖顶钟塔,一侧有一群圆顶建筑,另一侧有一长条平顶楼房。

校园四周有通往各处的马路,路旁种着各种树木。稍远的地方,还有几处显得稍高的土丘,旁边的水池清澈透底。站在土丘顶上望去,校园显得十分幽雅。

这才是你该追的星
李四光

我在学校附近找了一家公寓住下来。这家公寓的主人是一位英国老太太，待人非常热情。住在这家公寓的，还有一位中国留学生丁燮林。异国相逢，我们一见如故。我们相互帮助，互相照顾，还一块跟这位房东老太太学习英语。

课余，我阅读了不少英国古典文学作品，不到一年时间，我就能够说写自如了。后来，我还学了德语、法语。在外文方面下的苦功，为我以后几年的学习，乃至日后的科学研究活动，奠定了比较好的基础。

在读预科期间，我意识到留日期间在数学上下的功夫还不够，必须一步一步扎扎实实地学习。对于演算习题，不论怎样繁难，我都要演算出结果。

有时见我演算很费劲，丁燮林想把演算出来的结果直接给我参考，都被我婉言谢绝了。哪怕埋头算上一天、两天，我也要得出个结果。

即使休息时间，我也不放松自己的学习。假日偶尔去公园，看看名胜古迹，我的身边也少不了一叠报纸杂志，或是一卷厚厚的书籍。在林荫里，在流水旁，我一坐下来就开始抄抄写写，或思考一些问题。

但是，这样平静的学习生活并没有持续多久。1914年8月4日，第一次世界大战爆发，英国的生产机构转为军事生产，物价开始上涨，生活用品也日益短缺。

得益于从小养成的吃苦精神，我咬紧牙关，节衣缩食，克服种种困难，坚持完成学业。每逢假期，我就跑到矿山做临时工，赚钱贴补生活。

从预科转到理科学地质

一年的预科学习即将结束，我和丁燮林开始讨论各自的专业选择。丁燮林表示想学习物理，我不解其意，因为我知道他一向喜欢文学，尤其热衷戏剧。

他解释说："近代的一切科学技术都离不开物理，我确实喜欢文学，但这只能算兴趣爱好，并不影响我学习物理。再说，我将来也可以做一个善写话剧的物理学家嘛。"

说完，他又问我："你决定学造船还是采矿？"

我坦诚表示，这两样都不想学了。丁燮林惊讶得瞪大双眼："什么？这两样你都不学，那你准备学什么呀？"

这才是你该追的星
李四光

我坚定地回答:"学地质!我逐渐领会到,造船必须要有钢铁,而钢铁自然要依靠采矿。可是,光学采矿还不够,首先必须知道哪里有矿藏。中国地大物博,如果我们不会自己找矿,又怎么可能采矿呢?"

1914年秋天,我从预科转到理科学地质,从基础学起,兼修物理学。我的地质人生就这样徐徐拉开了帷幕。

进入地质系后,学校安排鲍尔顿教授指导我的学习。这位教授对中国学生非常热心,我对他也很尊重,经常向他请教问题。

除了鲍尔顿教授,地质系还有两位教师——威尔士和卢。威尔士经常邀请我到他家做客,我给威尔士的孩子们做过不少玩具,其中有一个是单翼飞机模型。单翼飞机是在第一次世界大战中出现的新式武器,孩子们特别喜爱这个新玩具。

在学习地质的过程中,我逐渐发现,单靠地质学,有些问题不能被完全解决,所以我又旁听了物理系的课程。

此外,我还看了很多书,这些书绝大多数都与我学的专业有关。

独自到野外考察地形、地质

假期，其他同学制定了丰富多彩的休假计划，我却独自到野外考察地形、地质。

为了方便出行，我还专门到旧货市场买了一辆坏掉的摩托车，自己动手修理好。一到休息日，我就骑着这辆旧摩托车东奔西跑，去野外观察地形、考察地质，参观英国地质学家莱伊尔、麦奇生等人的地质标本。

第一次世界大战期间，英国许多大学由于收入减少、支出降不下来，只好靠增收学费维持运转。中国政府同意为留学生每人每月增发学费20英镑，但仍然不能解决留学生的生活问题。

因为工人和技术人员被征去当兵了，所以许多矿山缺乏劳动力。在一位老师的指点下，我在假期到郊外的矿山找了一份下井挖煤的工作，既可以挣点钱，又能初步了解英国的矿业。

白天，我和英国矿工在黑暗、阴湿的矿井里劳动；晚上，我寄宿在当地一个矿工家。为了详细了解地层构造和地质情况，我总是下到最深处、石层多的地方去劳动。每次从矿井上来，我全身都是黑乎乎的。

假期结束，我特意头戴矿工帽，身穿劳动服，手里拿着小矿锤，与朝夕相处的英国矿工们拍了一张珍贵的照片。

因为这段经历,我对矿工的生活有了实际体验。同时,我对这一带的地质情况也有了实地了解。

这几年的学习非常艰苦,但我一点也不敢放松。1917年7月,我顺利通过了学士学位考试。

完成第一篇地质学论文

通过学士学位考试后,在鲍尔顿教授的指导下,我着手收集关于中国地质的科学文献,仔细阅读并摘录相关材料,在深入思考的基础上,提出自己的评价和见解。

最后,我用英文写成长达387页的论文,标题为《中国之地质》,并于1918年5月提交伯明翰大学地质系。同年6月,我通过了论文答辩,被伯明翰大学授予自然科学硕士学位。

这是我的第一篇地质学论文。在论文的绪言中,我一开始就引证中国古籍,说明中国古代思想家早就注意到了地球上重大的地质过程和地球内部的物质状态。例如,"沧海桑田"表明地面升沉的事实,是近代地质学中"均衡论"的依据。

论文分为地形、地质概况和经济地质三个部分,第二部分"地层"一章内容最为丰富，篇幅占整篇论文的1/2以上。叙述每一时代的地层之后，还附有详细的化石表，注明每种化石出现的层位和地点。

回国之前的欧洲地质学术考察

在学习期满之前，伯明翰大学一位热心的老师告诉我，印度有一个矿山需要聘请一位地质工程师，如果我愿意去，他可以帮忙介绍。

对于这位老师的好意，我婉言谢绝了。我的志向是学成回国，为自己的祖国找矿。

为了多获得一些英国矿山的实地知识，我又跑到英国康沃尔锡矿工作了一段时间。

此时，延续了4年的第一次世界大战，终于在1918年11月11日宣告结束。

1920年初，我和丁燮林、王世杰离开英国，先到法国巴黎，之后我又来到瑞士，深入考察了阿尔卑斯山。这里的很多山峰峻峭挺拔、山石嶙峋、角峰锐利，还有很多冰川侵蚀形成的冰蚀崖、冰斗、悬谷、冰蚀湖及冰川堆积形成的冰碛地貌。

面对如此丰富的冰川地貌，我异常兴奋。我冒着严寒拍摄了许多照片，这些照片成为我后来研究中国第四纪冰川期的参考。

此后，我深入莱茵谷地考察。来到德国柏林后，除了学习德文，我主要考察一些典型的地质现象，实地察看战后的景况。

在柏林期间，我接到蔡元培先生邀请我到北京大学地质系任教的电报，经过一番了解后，我决定接受北京大学的邀请。

我立即停止在欧洲的地质学术考察，赶快回到伦敦。刚到伦敦，我就获悉丁燮林和王世杰也收到了北京大学的聘书，他俩分别受聘于物理系和法律系。

于是，我们三人一同筹划回国的事情。

科学家小故事

单腿蹦跳去参加考试

1917年7月，在学士学位考试期间，李四光的一条小腿上突然长了一个脓疮。为了节省时间和医药费，他忍着钻心的疼痛，没去看医生。

后来，实在疼得受不了，他自行进行了消毒处理，然后再把伤口包扎好。李四光就这样单腿蹦跳去参加考试。直到考试完毕，他才去看医生。

07
创立䗴科化石鉴定的10条标准

> **科普小贴士**
>
> ### 中国人第一次读到"地质"一词
>
> 1840年鸦片战争之后,现代地质学才开始在中国传播和发展。当时的有识之士引进西方科学技术,翻译地学书籍。
>
> 1853—1854年,墨海书馆印制慕维廉编译的第一部中文版西方地理学百科全书——《地理全志》,首次使用中文"地质"一词。该书的上卷主要为政治地理,下卷主要为地貌地理和历史地理。
>
> 《地理全志》首卷"地质论",主要讲述了矿物、岩石、地层、古生物及矿产等,对地层的讲述最为详细,结合不同时代的地层,勾画了地球演变的轮廓,还附有地层柱状图和地质年代表。

正式担任北京大学地质系教授

1921年1月,我到北京大学就职,正式担任北京大学地质系教授。

在北大任教期间,我先后讲授过矿物学、岩石学、高等岩石学、高等岩石实验、岩石发生史、地质测量及构造地质学、构造地质学、地壳构造等多门课程。加上指导学生实习,我每周要授课23小时,工作量较为繁重。

每次讲课前,我都要花很长时间备课。比如,我要参考大量书籍资料,认真编写讲课提纲,要提前准备挂图、实物标本及显微镜等教学仪器。

在教授矿物学这门课时,因为没有木质或玻璃质的晶体模型,我索性在黑板上仔细描摹各晶系矿物的晶体状态,让学生有直观的印象,课堂效果也更好。

我平时对学生要求很严格。从对岩石的肉眼识别,到在显微镜下的鉴定,以及进行全面化学分析,我都要求他们全部掌握。

我也鼓励学生,不仅要学好岩石学,而且要学好地层学、古生物学、矿物学和地质构造学,还要学好数理化。我告诉他们,只有这样,才能在专业上取得更大的成就。

每次考试，学生们都猜不出我要考什么。因为我的考试总是别出心裁。

比如，在讲授岩石学时，每隔一段时间，我就要进行一次小考，除了出几道题，我还会发给学生几块不同类别的岩石标本，让他们自行观察研究，再按照标本编号写出每块标本的正确名称、矿物成分、生成条件、与哪些矿产有直接联系等。

带领学生走出课堂到野外实习

我深知，地质教学需要走出课堂到野外实习，野外观测是地质工作的基础。因此，我常常带着学生到北京西山等地区进行实地教学，登高山、下矿井，边看边讲。一个山头、一条沟谷、一堆石子、一排裂缝，我们都不放过。

我也喜欢向大家提问题，以激发学生们的观察兴趣。对于地层层序、走向倾角、断裂

方位，我会要求大家实测，并认真记在野外观测本上。对于岩石、矿物、化石，我要求他们必须采集标本，注明地点。每次从野外回来，每个人的背包都装得满满的。

有一次，我带领学生到西山的杨家屯煤矿实习，晚上回到住地发现，高年级学生杨钟健兴致勃勃地背回来一块含有植物化石的大石头。

他兴奋地把这块大石头放到我面前，我很高兴，借用陶渊明《归田园居》第三首诗的诗句风趣地说道："你这是'戴月荷石归'。"引得大家开怀大笑。

经过几次野外采集，地质系的标本逐渐多了起来。于是，我又带着学生将这些标本归类，并贴上标签，一一陈列在实验室里。

得到以校为家的"创业教授"的雅号

由于经费不足，地质系学生的野外实习受到了限制。地质系专用实验室只有40平方米左右，隔成里外两间：外间叫矿物实验室，摆了一点矿物、晶体标本；里间放了一些岩石、化石标本，作为岩石和古生物实验室。

每次上实习课，一二年级共30多名学生，围着仅有的3台显微镜，十分拥挤。看薄片时，每个人只有两三分钟，大大影响了教学质量。

为此，我到处筹措资金，并多次向蔡元培校长提出一系列的计划和建议。他对我的意见非常重视，并答应设法解决。

1921年11月的一天，蔡元培校长邀请我列席评议会，讨论地质系旅行费的津贴问题。经过讨论，顺利通过了"津贴地质旅行案"。地质系学生的野外实习有了更多的经费保障。

同时，地质系的实验经费也有所增加，为日后的教学和科研工作打下了良好的基础。

而我，因此得到一个雅号——以校为家的"创业教授"。

据不完全统计，北京大学地质学系近20届学生，大约有200人上过我的课，不少人后来都成为地质领域的知名专家或学者。

来到北京大学地质系后，除了教书，我还坚持科学研究。备课、讲课、带学生实习，都是实践的极好机会。我不断地积累资料，不断地思考、研究地质问题。

我在地质学方面的主要研究，如古生物蟆科的鉴定方法、中国第四纪冰川的发现和地质力学的创立，都是从这时候开始的。

采集很多䗴科化石标本

1921年秋,我带领地质系的8名一年级学生,到河北省南部的六河沟煤矿进行野外实习。随后,我又带领他们到山西、河南、山东等地区,进行煤田地质调查。

有一次,有个学生无意间发现了一块外表普通却带有光泽的石头。他拿到阳光下一照,看见里面有条虫子。他马上把这块石头交给我。我对着阳光仔细观察辨认后初步判断,里面的虫子很像被外国人称为纺锤虫的生物。

看到大家一脸茫然,我问道:"大家知道纺纱吗?"

学生们点点头,我于是接着往下说:"纺纱用的纺锤,两头尖,中间大。这块石头里的虫子也是如此,只不过它特别小,不易分辨。日本人根据它的形状,称它为纺锤虫。"

"这种虫子怎么会跑到石头里去呢?"大家随即问道。

"这叫生物化石。纺锤虫是亿万年前的一种单细胞动物,主要生活在海水侵蚀过或者低洼的地层里,靠丝状伪足伸缩爬行。后来,它们因生存条件恶化,大批死亡,最终灭绝。在漫长的地质年代,有些纺锤虫的尸体被夹进石块中保存下来,变成我们现在见到的这种化石。"

听到这块石头里面有这么多学问,学生们顿时兴趣大增,开始争相传看这块稀罕的石头。

在传看过程中,又有学生问我:"研究这种化石有什么用处呢?"

我耐心地解释道:"根据国外的资料,这种化石有很多种类,对这些不同种类的纺锤虫化石进行比较,可以准确地划分各种不同地层的先后顺序,从而为开发地下资源提供依据。比如,这种化石出产的地层,藏煤量十分丰富,如果能鉴别出不同化石的种类,就可以知道煤炭在地下埋藏的情况。"

通过实地工作,我意识到含煤地层的划分是个重要问题。为此,我带领学生频繁奔波于山野、煤矿。每次回来,我们都肩扛背包,包里装着沉甸甸的石头。

我们采集了很多石炭二叠纪地层所含的微体古生物蜓科化石标本,以便进一步研究。

创造出"蜓科"这一名词

对于蜓科化石的研究,当时在国际上已有几十年的历史，某些外国学者也曾在中国做过一些零星的工作，但由于采集的标本不多，层位也不系统，得出的结论很难说明问题。

于是，我决定自己动手，对这类化石进行系统研究。微体古生物鉴定是一项繁复而细致的工作，从几个不同的方向将标本切成薄片，磨到约十分之几毫米厚，再放到显微镜下观察，研究古生物体的内部结构。

当时，薄片制作室里有一位姓朱的师傅，是我的得力助手。朱师傅把石头放到金刚石切刀上，将石头磨成薄片，再用铺着金刚砂的磨盘打磨，磨到一定程度，再由我磨到标准厚度。当时并没有工具可以测量厚度，只能依靠经验和技术。

我总是边磨边看，磨一磨，再看一看，然后再继续磨，如此反复，直到满意为止。为了磨制从太原西山地区采集的太原统含𬸦类化石标本，我经常工作到凌晨，亲自制作了2000多张薄片。

每天早出晚归，废寝忘食地研究𬸦科化石，我终于从显微镜中清晰地看到𬸦科化石的内部结构，那是一些蜂窝状的小格子。根据小格子的不同排列，鉴别它们的种属，判定它们的进化阶段，确定𬸦科最初出现在石炭纪初期，曾广泛分布于世界各地。

1923年1月，我完成了第一篇关于蟆科的论文，题目为《蟆蜗鉴定法》。

一年之后，我又完成了《蟆蜗的新名词描述》《山西东北平定盆地之蟆蜗》《葛氏蟆蜗及其在筳蜗族进化程序上之位置》3篇论文。

在这些论文中，我没有沿用"纺锤虫"这个名词，而是取名为"筳蜗"，主要是出于对纺锤虫壳架构造特征的考虑。

但由于"筳"不是生物，"筳蜗"这个名词很容易就被误解为"筳状的蜗牛"。实际上，我的原意是"蜗状之筳"。于是，我就给"筳"字加上"虫"字旁，"蟆"字就这样被我创造出来了。

从古生物学上讲，蟆是原生动物门伪足纲有孔虫目的一个科，为了直接称呼这类古生物，我把"筳蜗"改称为"蟆科"，"蟆科"这个由我创造出来的名词一直沿用下来。

对蟆科化石进行系统研究

通过鉴定大量的蟆科化石，我发现以前的描述过于烦琐，记载过于庞杂。

于是，我又创立了蟆科鉴定的10条标准，将蟆的主要特性用若干曲线表示出来，既有定性的概念，也有定量的概念，不仅可以减少文字描述的烦琐，还提高了鉴定的准确性和科学性。

我在《蜓蜗鉴定法》一文中提出的10条标准，后被中外学者全部或部分采用。我自己运用这10条标准，对中国北部的蜓科化石进行了系统研究，最后定出20多个新属。

通过研究大量标本，我的第一部科学专著——《中国北部之蜓科》于1927年正式出版。

我寄送了一本给伯明翰大学的鲍尔顿教授。他读后非常高兴，立即向学校推荐了这本书。伯明翰大学根据我对蜓科系统研究的贡献，特授予我自然科学博士学位。

20世纪三四十年代，我和我的学生陈旭一起对中国南方的蜓科做了大量的研究，也取得了一些重要成果。

科学家小故事

外国人也不能搞特殊

北京大学建校25周年期间,一位自称被中华教育改进社聘请的外国人闯入北京大学理学院,要求参观。这个名叫推士的外国人态度傲慢,并在实验室抽起了雪茄。

李四光上前劝阻,他也不加理睬,大概自以为是"大教育学家",对中国人和中国最高学府北京大学颇有轻视之意。李四光很气愤,觉得这是有关国家和学校尊严的大事,不能漠然视之。

除当面对推士进行斥责外,他随即向学校教务处提出,今后凡有外国人来参观,必须先由学校通知有关学系的主管教授,同意后才予以接待。

08
探寻第四纪冰川遗迹

> **科普小贴士**
>
> **中国地学会与《地学杂志》**
>
> 1909年9月,张相文等人在天津创办了中国最早的自然科学学术团体——中国地学会（1912年迁至北京），张相文当选会长。邝荣光、丁文江、章鸿钊、翁文灏等地质、地理学家，以及章太炎、蔡元培等一批非地学领域的科学家和社会名流，部分在华外籍地质学家，纷纷加入中国地学会。
>
> 为推动中国地学的发展，1910年，张相文等又组织创办了中国最早的地学刊物——《地学杂志》，这是清末民初唯一的地学刊物。至1937年停刊时，《地学杂志》共出版181期，刊登文章1520余篇，各种地质图、矿产图、地形图等140余幅。

> 中国地学会和《地学杂志》对中国近代地理地质学的传播与发展具有重要作用。

发现一些奇怪的大石块

1921年春夏之交,我带领学生到河北邢台南边的沙河县开展地质实习。在横穿沙河盆地时,远处一座中等高度、外表圆滑的孤独小山,引起了我的注意。

我打开地图一看,原来这个山包叫沙源岭。我走到近处时发现,地面上有一些奇怪的大石块。

我不停地思索:"这些大石块是从太行山上滚下来的吗?滚不了那么远。是洪水冲下来的吗?也冲不到离山这么远的地方来。"

刹那间,我的脑子里浮现出一个问题:难道这是古冰川的遗迹?如果是冰川作用的堆积物,很有可能在堆积物中找到冰川条痕石。

我立即着手进行系统而细致的观察。果然,在不少砾石的磨光面上,我找到一处又一处隐隐约约的擦痕。在一块半掩半露的大石块的平面上,还发现3组不同方向的非常清晰的擦痕。

我和学生们继续前进,朝着东北方向的一座山神庙

这才是你该追的星
李四光

走去。这里有一个凸出于黄土平原的圆丘,它的周围也堆积了巨大的石块。冰川作用遗迹的可能性更大了。

这年的六七月间,我又来到山西大同盆地进行煤田地质调查。在大同西南约20千米的口泉附近,我发现一条东西方向延伸的山谷,长约数千米,宽度比较均匀,谷身横切面呈U形。我立刻被这一现象吸引。

我全然不顾烈日当头,走进了山谷。这一次,我毫不犹豫地认定,这就是冰川U谷,并在谷中找到了不少带擦痕的大石块和卵石。

我把这两次观察到的现象作为一个重要的问题,用英文写了一篇题为《华北挽近冰川作用的遗迹》的报道,并寄给了英国《地质学杂志》。

这篇报道是我在第四纪冰川问题上向一些外国地质权威发起的第一次挑战。在这之前,许多中外地质地理学者默认中国没有第四纪冰川,这篇报道打破了中国近代冰川研究的沉寂。

接下来,我准备在中国地质学会上再

次提出，以引起地质学界的高度重视。

在1921年5月26日的中国地质学会第三次全体会员大会上，我做了主题为"中国第四纪冰川作用的证据"的学术演讲，提出在挽近地质时代，整个华北地区和欧美地区一样，曾经发育过第四纪冰川，证据就是我在太行山东麓及大同盆地发现的冰川作用的遗迹。

当时参加这次大会的瑞典地质学家安特生，听了我的演讲，只是轻蔑一笑，态度非常冷淡。安特生当时在瑞典地质调查所内的影响很大，且曾受聘担任北洋政府农商部顾问。"顾问大人"一句话不说，本来很有兴趣的地质工作者也都噤若寒蝉了。

但是，我并没有因此放弃第四纪冰川的研究，为解决石炭二叠纪的分层问题，我当时把主要精力放在了古生物蜓科的研究上。对于中国有无第四纪冰川的问题，暂时没有时间顾及。

转向大地构造现象组合研究

1926年，我发表《地球表面形象变迁之主因》一文后，为了进一步探索地壳运动问题，便把注意力转向东亚及其他地区发现的某些大地构造现象组合研究，并采用模拟实验的方法证明其形成机制。

我于1929年发表的《东亚一些典型构造型式及其对大陆运动问题的意义》一文，就是对这方面研究工作的一次总结。

我提出7种东亚构造型式，即多字型、帚状、帚状—三角型、歹字型、山字型、入字型和膝型。在这7种构造型式中，山字型发育可能最广泛，最容易认识，对地壳运动研究最有用。

为了验证山字型构造体系应力作用的方式和方向，我采用了高度相似性理论，作为指导实验的手段。

将肥皂水浸泡的棉纸平铺在平板上，用手指推动，就可以产生颇似山字型构造褶皱的图像。

将泥饼平铺在有两个凸起（砥柱）的板上，再将板倾斜，让泥饼慢慢向低处滑溜，泥饼表面也可以产生类似山字型构造的图像。

20世纪三四十年代，我发表的有关区域地质构造分析的文章，都或多或少地阐述了山字型构造的特征及意义。

带领学生到江西庐山实习

1927年11月，我应蔡元培校长的邀请，离开北京南下，主持中央研究院①地质研究所的筹建工作。1928年1月，地质研究所正式成立，我担任所长。

1931年夏天，我以北京大学地质系兼任教授的身份，带领学生到江西庐山实习。这是一个非常适合野外地质实习的地点。

我带领大家在这个东西约10千米、南北约25千米的山区，按照从西南向东北的顺序，观察各个时期地层的分布和各种构造穿插的情况。

我还和学生们下到山麓，查看东西两侧断层造成的削壁和局部地层转动，并结合实地观察，向学生们讲解中间迭起、周围陷落的块垒式构造是庐山巍然屹立的地质原因。

有一天，我和学生们登上含鄱岭向东眺望，我的目光从远处的鄱阳湖畔移到近前的月轮山时，东西两侧谷地的形貌吸引了我的视线。在这海拔900米以上的崇山峻岭之中，溪水日夜穿流，谷地为什么不显深峻，反而这样平缓呢？

我寻路下到谷底，看到淡红色的黏土中夹杂着许多大大小小的石块和砾石。有的砾石虽然经过长期风化，表面上还能隐约看到一些模糊的刻痕。这样的平底谷是

---

① 中华民国时期学术研究最高机关。

如何形成的？这些泥砾又是怎样来的？我带着这些问题离开了这个山谷。

后来的几天，我们在这一带的山上经常遇到类似的平底谷，最长的是王家坡那一条。这里的谷底整体平缓，两侧的岩坡却很陡峭，这些都成了我心中的疑问。

牯岭西谷的一块巨石引起了我的注意。这块巨石长达5丈（约16.7米），重逾万斤，凌空平躺在另一块巨石上。从周围环境看，不可能是山上崩落下来的，也不可能是有人搬上去的。

这些很难用流水的作用解释的现象，在我的头脑中逐渐聚成了一个焦点：这里是不是可能发生过冰川呢？

当这个被搁置多年的问题重新浮现在我的脑海中时，我意识到这是一个十分严肃的问题，必须做更细致的工作，找到更确切的事实证据。

这个夏季是幸运的

第二年夏天，北京大学没有安排野外教学任务。我就利用这个时机，带着曾经的这些问题，同地质研究所的喻德渊等人第三次来到庐山。

经过仔细勘查后，我认为，山脚一段出现基岩，是因为山崖陡峭，冰流下注时产生的巨大挖掘力造成的。

巨大的砾石被运送到距山脚如此远之处，除了冰川的动力，无法用其他自然力说明。

回到研究所，我分析整理了这次野外考察取得的资料，初步得出结论：庐山在第四纪地质时期，至少经过两次冰期，还可能有过第三次冰期。

根据野外测得的几个侵蚀数据，我估算最后一次冰期结束距今可能已达13600年。也就是说，庐山最后一次冰川活动的时期，同阿尔卑斯的伏尔姆冰期似乎是可以相比的。

综合庐山地区和江南若干地点的观察结果，我得出了一条非常重要且有启发性的结论——中国第四纪冰川主要是山谷冰川，只有山谷冰川特别发育的山区，才有山麓冰川的发生。

这个夏季是幸运的，我把庐山称为"困惑难解和耸人听闻学说的诞生场所"，是"中国第四纪冰川的典型地区"。

与同行们分享这种幸运

我准备和有志于研究中国地质新问题的同行们分享这种幸运。1933年11月11日，中国地质学会第十次年会在北京举行。12日晚，我以"扬子江流域之第四纪冰期"为题做学术演讲。

在演讲中，我详细论述了庐山地区的第四纪冰川遗迹。参加讨论的不乏一些中外地质界著名人士，他们大都对中国有第四纪冰川持怀疑态度。

1934年春天，丁文江、翁文灏两位前辈筹集了一笔钱，邀请英国地质学者巴尔博、德国地质学者德日进、瑞典地质学者诺林等几位外国学者到庐山考察。

我以主讲人的身份，带领大家观看了冰川遗迹，一一讲述了自己的见解。在实地考察中，许多人都对这里的奇特地形表示惊讶。

诺林私下告诉我："假如这些现象在我家乡发现，这没有问题，是冰川造成的。"但巴尔博和德日进两位仍持反对观点，他们认为，没有发现冰期生物群化石，就无法断定第四纪冰川的存在。

对于这些观点，我当然不同意。由于对方已有成见、缺乏探讨问题的态度，这场讨论最后无疾而终。但这让我更加明确，为了打破这些"科学怀疑派"因循的旧观点，有必要把问题引向广泛深入的研究。

1934年，我在《中国地质学会志》上发表了《关于研究长江下游冰川问题的材料》一文。

除了列举在江浙一带新发现的关于第四纪冰川遗迹

的材料，我侧重讨论了融冻泥砾与冰川泥砾在地形条件、堆积物形态以及砾块形状和成分等方面的特征。

我还风趣地表示："作为反对冰川作用而引证的融冻泥流过程，反而成为较有利于冰川作用的论据。"

"这是一个翻天覆地的发现"

1936年5月，我从英国讲学回到南京，顾不上休息，又立刻赶赴安徽黄山考察。我带着助手，马不停蹄地乘车到达黄山脚下的汤口。

来到海拔720米的慈光寺时，我发现了极其明显的U形谷。对山谷两侧岩壁仔细观察发现，山谷东壁下部保存了几条平行排列、不同长度、深而宽的冰磨条痕，一般都朝着山谷下方微微倾斜，这反映了冰层移动的方向。

对于这次在黄山的发现，我十分高兴。在侵蚀崩裂作用改变了原有地貌的情况下，居然有确凿的冰川特征被保存下来，这正是长江下游某些地段确有第四纪冰川活动的证据。

我怀着兴奋的心情，又细致地研究了考察材料，并用英文写成《安徽黄山之第四纪冰川现象》一文，还附了8张照片，发表在1936年9月出版的《中国地质学会志》上。这篇论文不到3000字，却受到中外学者的关注。

在中国教书的知名德国冰川学家费斯曼教授读了我的文章，大为吃惊，竟然两次跑到黄山看冰川遗迹。回来后，费斯曼高兴地连声说："这是一个翻天覆地的发现。"

第四次赴庐山考察

在黄山发现第四纪冰川遗迹后，我仍不满足已经获得的资料。1936年8月，我又带着助手第四次赴庐山考察。

在庐山考察的日子，我常常脚穿草鞋，身背地质工具，带着马振图、李叔唐两位助手四处考察。我们一早从芦林出发，顺着王家坡U形谷，一路追寻冰川沉积物，一直追到鄱阳湖畔的白石嘴。

在白石嘴一带挖掘泥砾与石灰岩接触面时，我突然发现石灰岩表面有极明显的冰溜条痕。我们还在旁边找到另一块凸凹相合的条痕石。我认为，这个石块原来位于石灰岩之上，由于冰川的推动，上下相对磋磨，最后才形成条痕。

在鞋山，我还发现许多砂岩砾石，大的长65厘米、宽50厘米、厚25厘米，带有条痕。鞋山由石灰岩构成，本身并不产砂岩。鞋山距庐山山麓的五帝庙约15

千米，中间被湖水隔开。

我推测，如果不是冰川输送，这些砾石不可能在这里出现。这种现象，与挪威、瑞典的岩石经过冰川输送，经过北海抵达英伦三岛，颇有相似之处。

接着，我又进行了两项工作：

第一，白石嘴冰溜条痕石是第四纪冰川的确凿证据之一，十分宝贵，但易受摧残，我决定亲自设计，在这里盖一座约有3间普通房子规模的"白石陈列馆"，专门陈列冰碛标本。

第二，撰写《冰期之庐山》。我将在庐山考察所得写成科学专著，原稿完成于1937年，后因抗日战争的影响搁置了10年，也未能付印。直到抗日战争胜利后的1947年，才正式用中、英文同时刊印发行。

应邀到英国讲学

1934年12月，根据中英两国交换教授讲学的协议，我应邀携家人到英国讲学。

在赴英的船上，我又反复认真地审查、修改了自己的讲稿。根据多年收集、积累的地质资料，我按照自己的观点，写成了具有中国风格的地质学讲义。

我在英国近10所大学进行了为期半年的讲学。那时，英国地质学者对中国的地质情况知之甚少，我的讲学受到广泛关注，每一次都座无虚席，连走廊里都挤满了听讲的人。

讲学期间，我还进行了参观访问，同英国地质界的新老朋友广泛接触，就许多学术问题展开讨论。

讲学结束后，我应英国地质界朋友的请求，决定在英国再住一年，并将讲稿整理成书，付印出版。

1936年初，《中国地质学》写作完成，我把书的出版工作委托给了一位英国朋友后回国。1939年，这本书由伦敦杜马·摩尔第出版公司正式出版。

这是中国人自己写的第一部中国地质学著作，在国内外的影响很大。英国皇家学会会员李约瑟教授在阐述中国大地构造时指出："很幸运，在这一方面，最卓越的地质学家之一李四光为我们提供了第一部内容丰富的地学著作——《中国地质学》。"

抗日战争期间，为了适应国内需要，《中国地质学》由张文佑缩编成中文，发表在浙江大学的《思想与时代》杂志上。

1952年11月，缩编本由南京正风出版社印刷出版。我曾为其写过一篇短序，说明书的来历及演变经过。

科学家小故事

"随时做好献身的准备"

1935年5月,在考察黄山期间的一天,为了了解冰川活动时的岩石风化情况,李四光带领学生来到始信峰。

他让学生们在山下等着,自己带着锤子、绳子、木楔,纵身登上陡壁。当他爬到山腰时,发现没有落脚的地方,就把木楔打在石缝里,一步一步艰难地向上爬。快到峰顶时,他被一个光滑到连木楔都插不进去的大岩石挡住了。

他就紧贴在岩石上,观察周围情形后把绳子往右上方甩去,绳子正好挂在一棵从石缝里长出来的小松树上。他双手抓紧绳子,小心翼翼地一点点往上爬,受到外力的小松树摇晃起来。看到这里,有的学生失声叫了起来,有的学生捂着眼睛不敢看。

几经努力,李四光终于登上岩顶,采集到标本,装进地质包,然后绕道回到山下。李四光从容地对学生说:"一个科学工作者,要想有所作为,必须有韧性,并随时做好献身的准备。年轻人更要锻炼这种意志,才有希望在科学上取得成就。"

09

辗转流离，正气比石头还硬

> **科普小贴士**
>
> **中国人撰写的第一篇地质文章**
>
> 中国人撰写的第一篇地质文章由化学家虞和钦完成。1903年春，他在《科学世界》杂志上发表《中国地质之构造》一文，翻译介绍了中国大地构造的基本格架、地形地貌、地层分布与构造的关系、三大地质构造运动等，并附有地史系统简表和中国地质构造略图。该文是20世纪初研究中国地质构造的一篇重要论著。
>
> 很多人知道鲁迅是学医的，但很少有人知道鲁迅的第一专业是采矿。1902年，鲁迅从江南陆师学堂附设矿路学堂毕业，后赴日本留学。1903年，他编写的《中国地质略论》刊于在日本出版的《浙江潮》月刊上。1906年，他与顾琅合编

09 - 辗转流离，正气比石头还硬

的《中国矿产志》在上海出版。

这些都是国内较早运用近代自然科学理论论述我国地质矿产的著作。

在桂林度过近7个春秋

1937年8月13日，日本军队在上海金山卫登陆，出动飞机轮番轰炸南京。

一天，中央研究院突然接到通知：限各所3日内全部迁移，过时则不准出入。地质研究所一半以上的职员都在野外工作。

幸好我事先在庐山附近有所准备。在南京的全部人员紧急行动起来，花了三天三夜才将书籍、仪器和已鉴定的标本全部装箱运往庐山，部分来不及迁出的未经鉴定的零星标本和大部分出版物只好暂时存入地下室。

有一天，我同马君武商量，拟在广西大学设立一个科学实验馆，招纳技术人才，从事种种战时必需的物资器材的研究。这个意见得到李宗仁的许可。

于是，我决定把地质研究所先迁往桂林。丁燮林也决定将他领导的物理研究所迁往桂林。

我们一行乘船溯江西上，向桂林进发。时值严冬，江上寒风刺骨。船过黄冈，经武汉，最后到达长沙。我们又沿湘江，直奔衡阳，再转到桂林。

在抗战的艰难岁月里，我在桂林度过了近7个春秋。初到桂林的处境颇为困难。最让我头痛的事有3件，一是住房，二是天天防空，三是经费。

战事期间，国民党政府发给科学研究单位的经费本来就很少，还一再核减，地质研究所的办公费用难以维持，职工的生活也成了问题。

当时，我穿的是灰色土布衣服。有一次，黄旭初找我谈话，我一直用手捂着膝盖。他问我怎么回事？仔细一看他才发现，我的裤子破了一个大口子。

后来，我决定采取3项措施：第一，把一部分技术人员"借"给有关机关；第二，加强与地方有关部门的合作；第三，尽量依靠政府的支持。

地质研究所迁往桂林时，我就同大家商量，今后工作以鄂西、湘西、广西为范围。鄂西至桂林山岳连绵，交通十分不便。为开展工作，我决定在鄂西和湘西各设一个工作站。

在战火纷飞的年月，地质工作的地区不得不随着战局的发展而转移。根据这样的方针，地质研究所这段时间的工作，除研究地层和地质构造外，特别注重矿产资源的寻找和开发，尤其是煤、铜、铁等矿种。

1938年10月武汉失守，抗日战争进入相持阶段，桂林也没有了战火的骚扰，出现相对安静的环境。

这一时期，除了担任桂林科学实验馆馆长，我还带领地质研究所的同事，对广西地质进行调查研究，建立了广西山字型构造体系，并对桂北及大瑶山地区的第四纪冰川遗迹进行了详细考察。

为了让地质研究所的同事对冰川现象有感性的认识，在初夏的一个清晨，我安排人把大家从睡梦中喊醒。

当大家赶到时，我站在高处，也不说话，正微笑着向东眺望。漓江对岸的石林，晨雾如海，沿着开阔的山谷，慢慢向下流动，逐渐和层林炊烟交织在一起，这不就是一幅活动着的"山谷冰川"再造图吗？

坚持不与蒋介石政府合作的立场

在桂林期间，我几乎每年都要到重庆参加中央研究院的院务会议。为了拉拢知识界，蒋介石会后总要宴请与会人员，我或称有病，或连夜离开，每次都拒绝参加。

有一次，我的座位被安排在蒋介石旁边，但我却没有出席。蒋介石问翁文灏："李四光先生怎么没有来？"翁文灏回答说："重感冒，发烧。"

过了一会儿，蒋介石又去问陶孟和。陶孟和也说："李先生病了。"

蒋介石多次表示，让我出任教育部长或大学校长，让我代表国民党政府去印度会谈，等等，统统被我拒绝了。

经历失而复得的风波

1941年7月7日下午，广西大学在学校大礼堂举行第八届毕业生典礼暨新舍落成典礼，邀请我去做学术演讲。

我着重介绍了一个特殊的弯曲成九十度的小砾石。我对这个在冰碛层中发现的变形小砾石爱不释手，经常带在身上，衣服口袋都被这块小石子磨破了。

做了一番介绍后，我就将石子拿给听讲的人传阅欣赏。没想到的是，有人以为这颗石子是"无价之宝"，就私自收藏起来。演讲完毕，我才发现石子不见了。直到散会，也不见有人把石子送回来。

不得已，我只好请广西大学出个布告，请私自藏石子的人交出，可给予一定奖赏；若不便直接交还，可放到校园某棵榕树洞内，并留下地址以便送赏。

过了一天、两天，还是没有见到石子。第三天，我在那棵指定的榕树洞内发现一个报纸包，打开一看，正是这块变形的石子。

经过这场失而复得的风波，我更是将这颗石子视如珍宝。后来，我还专门给它拍了照片，并写了一篇题为《一个弯曲的砾石》的短文，寄给英国《自然》杂志，把它介绍给同行爱好者。

一看就知道是去调查地质的

1941年8月4日上午，日本突然出动飞机21架，由越南侵入桂林市区，狂轰滥炸。这个相对安静的城市又出现了战时景象。

在这种复杂的情况下，我不得不采取相应的行动。我和夫人及地质研究所的同事们一道，坐着一辆卡车出发了。我们带着罗盘、地质锤等，一看就是去调查地质的。

但是，我和夫人并没有返回研究所，我们到另外一个地方住下了。这里非常僻静，风景也很优美。我们在这里租了两间茅屋，一家像"隐居"似的在这里住了下来。

在这里，我整理了许多材料，草拟了不少论文初稿，其中就有《二十年经验之回顾》《山字型构造的实验和理论研究》等重要著作。

那年秋天，我带着孙殿卿、马振图和王文瑞，对南岭东段进行了一次重要的考察。

我们由清平乡出发，抵衡阳转耒阳，过茶陵到湘赣交界的界化垅，开始了山地考察。武功山走向北东，与走向南北的万洋山交接之处，不管地形还是构造，都颇为重要。

我们在这里住了一两天，然后继续东进，进入江西省莲花县，再经永新，到达赣江之滨的泰和。在泰和待了两三天后，我们又南下，经兴国抵赣州，一路上满眼都是丘陵山区。再东行，过雩都、瑞金，穿越武夷山脉，直达福建长汀。

在长汀，我们停留了四天，除察看附近的地质构造、地形外，还会见了不少新老朋友，然后到了永安。

我对永安附近的地形和堆积物进行了考察，认为这里有过第四纪冰川活动。在长汀，我还给迁到这里的厦门大学的学生们做了一次学术报告，并同地质界的同仁讨论了福建地区的地层划分问题。

我们一行从永安沿着沙溪河直到南，又折回永安，原路返回赣州，开始了在赣南的三南（龙南、虔南、定南）考察。

在三南地区考察了近10天，我们经广东韶关，乘车返抵衡阳，然后回到桂林。这次南岭东段之行，历时两个月，我们收获了丰富的第一手资料。

从贵阳奔往四川

1944年春，日军以重兵由北向南进攻，想要打通平汉、粤汉两条铁路。

我们不得不安排再度内迁的计划。在这外侵内患的动乱年月，恐怕只能走一步看一步了。地质研究所的职员在桂林的只有七八个人，我告诉大家，立即准备，先到贵阳避难。

6月27日，我率领地质研究所的同事仓促离开桂林。黔桂路只通车到独山，车厢内挤得水泄不通，连车顶上都坐满了人。

逃难的人们越急，火车似乎开得越慢。有的人了带一点干粮，但天热缺水，无法下咽，真是又饿又渴，又乏又困，狼狈不堪。就这样，我们走了20多天才抵达贵阳。

10月，独山失守，都匀吃紧，眼看贵阳就要被围困，我和办事处的同事们再一次踏上奔波之旅。

经过又一次长途跋涉，我们到达重庆，经过两路口、上清寺，直抵小龙坎四川地质调查所。

所长侯德封是我的学生，他早就知道我们要来，事先在后院腾出几间房屋，请我们暂在所内安顿下来。

第二天，我刚起床不久，就听到窗外有人喊："气球挂起了！"原来是空袭警报。

这时的重庆，几乎每天都有空袭，大家一早起来就先望望较高的山头，看挂气球了没有。如果挂了一个气球，说明敌人的飞机向重庆飞来了；如果挂了两个气球，大家就得赶快进防空洞；如果挂了三个气球，说明敌人的飞机要进入市空了。

重庆的市民早就习以为常了，一点都不惶恐。挂了一个气球，大家就赶快吃完早饭；第二个气球挂起后，各人又拿着随身携带的提包进入防空洞，静候警报解除再出洞回家。

我们一路奔波，喘息未定，又开始了跑警报的生活。由于气候转寒，日本并未攻下贵阳，缩回到广西和湖南，重庆也逐渐安稳下来。

地质研究所借用四川地质调查所的房屋开始工作。在朋友的帮助下，我们一家在沙坪坝去磁器口的公路边上租到了一栋小楼房，暂时定居在这里。

重庆大学地质系主任俞建章教授还在理学院给我安排了一间研究室，我经常到这间研究室埋头工作。

没过多久，由于奔波操劳，我的夫人患上了高血压，只好卧床休养。虽然家务繁忙，一些文化学术单位请我做讲座，我也从不推辞，每次都认真准备。

到重庆后，几乎每天都有人来访，我不得不接待。客人走后，我正想握笔写一点演讲提纲，又到了煮饭的时间，只好走到火炉旁，忙着做饭去了。

系统地讲述地质力学

1945年1月11日，是蔡元培诞辰纪念日。这一天，中央研究院和重庆大学、北京大学同学会联合举行蔡元培诞辰纪念会，到会的共有300多人。我应邀在会上做了主题为"从地质力学观点上看中国山脉之形成"的学术讲演。

同年四五月间，重庆大学和中央大学[①]联合举行学

[①] 1937年，中央大学从南京迁至重庆，时称"重庆中央大学"。

术报告会，也邀请我去做学术演讲。听讲的除了两校地质系的师生，还有许多其他学科的学者和专家。我系统地讲述了自己20多年来悉心钻研的地质力学。

我运用自己掌握的典型材料和确凿证据，条理清晰地阐明各种构造形式的特点和它们在野外展布的规律，还辅以模拟实验，听讲的人也越来越多。我先后进行了5次演讲。

经过整理，我将这些演讲稿命题为《地质力学之基础与方法》，1945年5月由重庆大学地质系首先印发。1947年1月，再由中华书局作为中国科学社丛书出版发行。

这本书列出的国内外参考文献，共有144篇。这是我第一次系统地总结地质力学，涵盖了我从20世纪20年代初到40年代中叶关于地质力学的所有研究成果。

早在1944年4月1日，在贵阳科学馆举行的中国地质学会第二十次年会上，我就发表了《南岭东段地质力学之研究》一文。

"地质力学为本人新创立之名词，涵义为应用材料力学之原理，并就岩层变形后其所受应力分配之现象，以解释地质构造。"

那是我第一次提出"地质力学"这个名词，这次则系统讲述了地质力学的基础与方法,为建立地质力学这一学科打下了基础。

在创立地质力学这门新兴学科之前,我还进行了大量的地质实践,无论地层学、古生物学,还是岩石学及构造地质学,我都做了广泛的调查和研究。仅地质构造运动的名称,由我命名的不下十四五个。

"先派人去南京探看一下"

1945年8月15日,是一个令人振奋的日子,日本宣布投降了。人们奔走相告,无不欢欣鼓舞,我也兴奋得难以入眠。

地质研究所的同事们三三两两,不时来看望我和夫人。在兴高采烈的同时,他们也纷纷议论:"胜利了,可以回南京了。"鸡鸣寺的钟声仿佛又在他们的耳边敲响了。

我也在考虑这个问题,觉得应该先派人去南京探看一下。

10月2日,赵金科受我的委托,由重庆飞回南京,接收了南京钦天山下原有的房屋设备,当初存放在地下

室的物件全部都完好无损。

11月初,他又赶到庐山。遗憾的是,存在庐山的东西,或被日本军队运走,或遗失了。其中包括我早年在东京参加同盟会时与孙中山等人的合影。

地质研究所的人员决定分期分批回南京,借调到外单位的同事也陆续回所了,研究所人员比1937年离开南京时还要多一些,有30多人。

1946年10月27日,地质学会第二十二次年会在南京珠江路中央地质调查所礼堂举行,到会会员110人。我因病留在重庆,不能出席主持。年会有一个惯例,理事长要在会上做一场学术演讲,

我早就把主题定好了——"中韩沿海之陷落与大陆破裂"。但是,因为我重病初愈,大夫不让我多说话,更不让我写东西。

于是,我请俞建章来商量。最后决定由我口述,俞建章和许保钧替我记录。

我躺在病床上,他们坐在一旁,我口述一句,他们记录一句,直到把那篇文章的主要内容写完。俞建章还将这篇记录稿作为珍贵的纪念品,保存在身边。

科学家小故事

"科学要尊重事实"

1945年1月11日,在中央研究院和重庆大学、北京大学同学会联合举行的蔡元培诞辰纪念会上,李四光做了题为"从地质力学观点上看中国山脉之形成"的学术讲演。

接着,李四光跟大家畅谈了宇宙空间物质变化无穷的道理。大家正听得入神,台下忽然"喀嚓"一声,中央研究院朱家骅院长应声坐到地上,朱家骅坐的椅子发生"突变",垮了。

这时,台上的李四光风趣地说:"科学要尊重事实,不能胡乱编造理由来符合一个学说。比如椅子坏了,摔下来一个人,这要研究那椅子的种种条件,来说明那椅子为什么非要把人摔下来不可,为什么那椅子非变不可。"这引得大家哈哈大笑。

10 一定要回到祖国

> **科普小贴士**
>
> ### 中国自办地质教育
>
> 洋务运动开始后,为满足兴办实业、开发矿山的需要,清政府积极创办各类新式学堂,学习西艺,培养洋务人才。
>
> 20世纪初,这种洋务学堂达30所。1889年,创建了广东水陆师学堂的矿务学堂,后来又创办了湖北矿务局的矿务学堂和江南陆师学堂的南京矿务铁路学堂等,教授地质矿物知识,并安排部分野外实习。
>
> 1895年10月,中国近代史上第一所新式教育大学——北洋西学学堂在天津创立,第二年更名为北洋大学堂,设有矿务学门等,课程包括金石学、地学、矿苗测量以及矿物实验等,预科设地舆学。

10 – 一定要回到祖国

确实需要静养一下了

1946年1月10日，政治协商会议在重庆开幕。会议决议的墨迹未干，国民党反动派就制造了一连串反革命事件。2月10日，发生了"校场口事件"，国民党反动派打伤了庆祝政协大会成功的主席郭沫若、李公朴等60余人。

2月22日，国民党反动派又策划了"反苏反共"游行，捣毁了《新华日报》营业部。当晚，周恩来在曾家岩五十号举行中外记者招待会，宣布了事件的真相，要求国民党政府严惩凶手，并保证今后不再发生类似事件。

此时，地质研究所成员已回到南京。我因患心脏病，原计划身体康复后再从重庆回南京。目睹了这些事件，我感受到重庆的恶劣气氛，南京又有什么两样呢？

因此，我决定暂时不回南京，先去上海看看再说。1946年11月，我和夫人在许保钧和俞建章的陪同下，离开了山城重庆。

到了上海，我们住在岳阳路中央研究院的集体宿舍，仍由许保钧照顾我们夫妻的生活。经上海医生检查诊断，我被确诊为心绞痛。同时，医生还检查出我患有肺结核。我确实需要静养一下了。

这才是你该追的星
李四光

1947年7月，我被推选参加1948年在伦敦举行的第十八届国际地质学会。

离正式开会还有一年的时间，我打算一边养病，一边准备论文。但是，上海这样的都市不是疗养肺结核的最佳地方。于是，我打算到杭州住一段时间。

12月7日，我约请竺可桢一同去踏看杭州附近的冰川遗迹。竺可桢对我国古气候的演变很有兴趣，欣然应允，还约了浙江大学史地系师生40余人一同前往。

我们首先到了二龙山脚的之江大学操场，在砾石层中仔细寻找条痕石。这里的砾石大小不一，有带棱角的，也有磨光的。经过寻找，果然发现了带条痕的砾石。

参加第十八届国际地质学会

1948年2月初，我从上海启程赴伦敦，准备参加第十八届国际地质学会，我的夫人也一同前往。

参加此次国际地质学会，我准备的论文是《新华夏海的起源》。我所称的新华夏海，指的是东亚东缘的渤海、黄海、东海和日本海。在论文中，我明确指出了研究和解决新华夏海起源问题的途径，并且回答了产生新华夏海的主要应力性质以及构造运动的类型问题。

1948年8月25日，因第二次世界大战延期7年的第十八届国际地质学会在伦敦亚尔培大厦开幕。会议持续了7天，9月1日闭幕。9月10日，我从伦敦向国内发出关于这次盛会的报道。

会议结束后，我并没有立即回国而是和夫人迁到了博恩默思海滨公寓，继续静养。

我的心早就飞回了祖国

国内的解放战争进展神速，远远超出我的预料。1949年元旦后，国民党政府下令各个机关南迁。地质研究所被通知搬迁到广州中山大学，搞得人心惶惶。

1949年1月13日，地质研究所许杰、赵金科等秘密协商起草了一个反对搬迁誓约，决定留在南京或上海，他们写信告诉我这个情形。

从1月19日到2月9日，我分别给许杰、赵金科和俞建章等写过3封信，打过1封电报，表明自己对这次搬迁的态度，对许杰、赵金科等"愿留守本所，看护书籍、仪器，深为钦佩"。

由于我们力阻，这场反搬迁斗争最终获得了胜利。南京解放时，地质研究所没有一点损失，完整地回到了人民的怀抱。

4月初，以郭沫若为团长的中国代表团赴布拉格出席世界维护和平大会。出国前，郭沫若根据周恩来的指示，给我带了一封信。这封信是郭沫若领头签署的，内容是让我早日回国。在英国接到这封信，我自然十分激动。

5月16日，文化科学界座谈会在南京召开，许杰、尹赞勋、杨钟健3人参加了这次座谈会。

刘伯承司令员在会上讲话时指出，无论自然科学或社会科学方面，都需要大量人才，希望共同工作，开展南京市的文化科学建设。

此时，我的心早就飞回了祖国。接到郭沫若的来信后，我马上订好了由马赛驶往香港的船票，办好了过路的签证。遗憾的是，要等半年才能起程。

1949年9月21日，中国人民政治协商会议在北京开幕。各地报纸在同一天公布了政协第一届全体会议的代表名单，共662名，我的名字位列其中。

再见已是新中国

当我焦急地等待着起程回国之时,退到台湾的国民党正在谋划阻挠我返回祖国。

一天,伦敦的一位朋友打来电话,说郑天锡接到国民党政府的密令,要求我公开发表声明,拒绝接受共产党领导的全国政协委员的职务,不然就有被扣留的危险。

事情发生得太突然,我必须当机立断。跟夫人商量后,我拿起一个小皮包,随身带了几件衣服和论文手稿、地质锤、罗盘、放大镜等,便独自从普利茅斯渡过英伦海峡,到了法国。

第二天,国民党果然派人来找我。我的夫人对他说:"李四光外出考察去了。"

对方见房间里的陈设井井有条,并没有起疑,还拿出一张5000美元的支票,说是郑天锡的一点心意。夫人婉言谢绝了,说我不在家,她不方便收下这张支票。

过了两个星期,我写信告诉夫人,我已经到了瑞士与德国交界的巴塞尔。她马上就明白了,这是让她前来与我会合的意思。

我们在巴塞尔买好了从意大利热那亚驶往香港的船票。

这才是你该追的星
李四光

1949年12月25日，我和夫人终于从热那亚启程，秘密回国。经过3个多月的海上漂泊，我们于1950年3月初到达香港。

当踏上祖国大地的时候，我在心里默念：离开了两年，不，是两个时代，现在见到的已是新中国了！

科学家小故事

不顾涨潮，继续口述文章

1947年底，李四光在杭州住了两个多月。为了写好一篇文章，李四光思考了很久。但在招待所内，他不能动笔写文章，因为他的夫人不让他在养病期间过度用脑。

李四光只好假借外出游览，约了吴磊伯同行，在"游览"期间，李四光口述，请他笔录。有一次，他们来到钱塘江边，租了一条小船，就在船上聚精会神地写了起来。忽然，船身剧烈颠簸，吴磊伯不禁大声呼喊："老师，不行了，浪太高，船要翻了。"

李四光望望江面，若无其事地说："不要紧，现在正涨潮，一会就过去了。"说完，他继续口述，直到告一段落，才离船登岸。

11
担任中国地质部首任部长

> **科普小贴士**
>
> **中国有了自己的地质学家**
>
> 　　1911年，中国地质事业创始人丁文江，获英国格拉斯哥大学动物学、地质学双学士学位后回国。他是中国地质事业的奠基人之一，创办了中国第一个地质机构——中国地质调查所，也是《独立评论》的创办人之一。
>
> 　　同年夏天，另一位中国地质学创始人章鸿钊从日本东京帝国大学地质系毕业，获理学学士学位归国。他创办了农商部地质研究所（地质讲习班），为我国培育了第一批地质学家，成为我国早期地质工作的主力。
>
> 　　1913年初，我国第一位地质学博士翁文灏从比利时鲁汶大学毕业回国。留学期间，他专攻地质学，获理学博士学

> 位，是民国时期著名学者，中国早期最著名的地质学家，在中国地质学教育、矿产开探、地震研究等方面有杰出贡献。
>
> 因为他们3人的归来，中国有了自己的地质学家。

担负起把全国地质工作者组织起来的责任

1949年11月，中国科学院成立，郭沫若为院长，陶孟和、竺可桢和我为副院长，由我将组织全国地质工作者为国家建设服务的主要责任担负起来。中国科学院成立后的第一项工作，就是接收和调整原来的科学研究机构。

经过综合考虑，并同有关方面协商，我最后提出成立"一会、二所、一局"的意见。"一会"即中国地质工作计划调配委员会；"二所"即中国科学院地质研究所和古生物研究所；"一局"即财政经济委员会矿产地质勘探局。

1950年8月25日，政务院第四十七次政务会议将"中国地质工作计划调配委员会"改为"中国地质工作计划指导员会"。同时，任命我为主任委员。

1950年11月1日，中国地质工作计划指导委员会在北京召开扩大会议，共有60余人参会。

这是全国地质工作实行统一领导之后召开的第一次重要会议,也是地质界大团结的会议。会议认真讨论了"中央地质的组织""1951年工作计划大纲""中央与地方机构的联系"以及"地质教育"等问题,并就这些问题达成共识。

中国地质工作计划指导委员会成立以后,把当时全国地质工作人员都组织起来,投入恢复重点矿区的扩大找矿工作。

1952年,随着国家经济建设有计划地大规模开展,地质工作的任务越来越重,中国地质工作计划指导委员会的组织形式已经不能适应地质工作的开展。

当年8月10日,中央人民政府委员会第十七次会议决定成立地质部,我被任命为部长。这一年,我已经63岁了。

科学家小故事

支持和鼓励青年地质工作者

青年地质工作者刘鸿允,花几年时间编制了若干幅古地理图,想请李四光审阅。有人告诉他,李四光的构造学说不讲古地理,可能对他的古地理图不感兴趣。

实际上,李四光收到古地理图后非常欣喜,认为这项工作很有必要,并欣然提笔为图册做短序。

12
成为70岁的新党员

> **科普小贴士**
>
> **中国地质界的第一个繁荣期**
>
> 1920年,李四光与美国葛利普同时到北京大学地质系任教,强化了我国的地质教育,出现了中国地质界的第一个繁荣期。
>
> 李四光有关东亚和全球构造的文章先后发表于《中国地质学会志》与英国《地质学杂志》。葛利普来华后,吸收中国地质界的研究成果,出版了《中国地质史》(两卷),这也是对亚洲地质史的总结。
>
> 这些都说明中国当时的地质研究已达到较高水平。

这才是你该追的星
李四光

"生命的新起点才开始"

1958年10月18日,我开始填写入党志愿书。

在入党志愿书上,我严肃地写下这段话:"如果我也能够最后光荣地参加党的大家庭,我相信一定有更多的机会得到同志们更多的帮助。我自己决心以'活到老,学到老'的精神来改造自己,使我这个个体能够更好地在党的领导下,为祖国的社会主义、共产主义建设服务,为中国人民服务,成为一个国际无产阶级先锋队战斗员。"

12月22日,中共地质部办公厅第一支部召开支部大会,讨论了我的入党申请。

我在会上做了两次发言,"像一个刚刚出生的婴儿,生命的新起点才开始"。我的发言结束后,大家也相继发言。同志们提出的意见,我都认真地记录下来。

支部大会一致通过接

收我为中共预备党员。12月29日,中共中央国家机关委员会①正式批准接收我为中共预备党员,我光荣地成为一名70岁的新党员。一年后,我顺利转为正式党员。

写作最多的一个年头

不久,我就到青岛疗养去了。我要集中时间总结几十年来有关地质力学的成果,并写作《地质力学概论》一书,作为中华人民共和国成立10周年的献礼。

接下来的这一年,我一连写了12篇著作:有地质科学专著《地质力学概论》初稿;有地质工作成就总结性文章《建国十年来中国地质工作的发展》《地质队伍迅速壮大,矿产资源空前丰收》;有地质论文《东西复杂构造带和南北构造带》《地质学的现在和未来》。

这是新中国成立以来我写作最多的一个年头。

1959年国庆前夕,地质部隆重地召开向党献礼大会。地质力学研究室的全体职工用红绸裹着油印本《地质力学概论》初稿和《地质力学丛刊》第一号,敲锣打鼓,从香山象鼻子沟来到西四地质部礼堂,向党献礼。

---

① 中央国家机关工作委员会前身。

这才是你该追的星
李四光

科学家小故事

为苏联院士安排一次特殊的地质考察

1959年11月12日，第一届全国地层会议开幕。李四光在会上致了开幕词。会议期间，他特意为参加这次会议的苏联科学院纳里夫金院士一行安排了一次地质考察。

纳里夫金来中国之前，并不相信中国有第四纪冰川。李四光安排其到北京西山隆恩寺，亲自介绍这里的地层时代、附近的地形地貌以及基岩冰溜面。回到苏联之后，纳里夫金写了一篇文章，题目为《亚洲地质史的光辉一页》。

13 创立和发展地质力学

> **科普小贴士**
>
> **外国人在中国的地质研究**
>
> 李希霍芬是在我国近代史上首先运用现代地质学的观点和方法,调查研究中国地质的外国地质学家,对中国近代地质学产生了深远而广博的影响。
>
> 1868—1872年,他先后考察了我国18个行省中的13个省区的自然地理、地质矿产及人文地理、社会和经济结构等。回到德国后,他相继出版了5卷里程碑式的宏著巨作《中国——亲身旅行和据此所做研究的成果》(附地图集两卷)。此外,李希霍芬还首次提出了"丝绸之路"的概念。

中国第四纪冰川研究有了专业组织

1960年3月15日至21日,中国第四纪冰川遗迹研究工作中心小组筹备处在香山象鼻子沟地质力学研究所召开座谈会,近40名学者、代表出席这次座谈会。

从3月16日开始,我亲自带领全体与会人员考察了西山地区的第四纪冰川遗迹。经过两天半的实地考察,绝大多数代表承认北京西山地区第四纪冰川遗迹鉴定的准确性,也增强了其从事冰川调查研究工作的信心。

会议最后一致通过,正式成立"中国第四纪冰川研究工作中心联络组",由我担任组长。中国第四纪冰川研究工作在全国范围内有了专业组织。

会议结束不久,我写了一篇题为《北京西山区第四纪冰川遗迹和中国冰期问题》的文章,记录这次会议的召开和取得的成果。

我还编辑了一册《冰饰地形和冰川遗迹图片集》,集中了我们搜集到的图片,配有文字说明。我对图片和文字一一做了审定和修改,并写了"前言"。

1964年8月21日至31日,国际科学讨论会在北京举行。来自亚洲、非洲、拉丁美洲和大洋洲44个国家和地区的367位科学家参加了这次讨论会。

8月28日下午,我在西山八大处会见了各国地质学家和古生物学家,并进行了一次有趣的短途地质考察。

我同各国科学家一起登上西山的高处,观看第四纪冰川遗迹。随后来到山腰一处古松覆盖的平台,这里摆着桌子和藤椅,桌子上陈列着我多年收集的冰川沉积物和岩石力学方面的标本,以及华北地区第四纪时期海浸的资料,引起了各国科学家的兴趣。

完成一部重要著作——《地质力学概论》

1956年初,地质部设立了"地质力学研究室",列为专门研究机构之一。

早在20世纪40年代中叶,我就出版了《地质力学之基础与方法》一书。这本书虽然是总结性文献,但只是地质力学诞生时期的一个雏形。

新中国成立后,我又发表了一系列地质力学的著作,1951年的《受了歪曲的亚洲大陆》,1953年的《地质构造的三重基本概念》,1954年的《旋

卷构造及其他有关中国西北部大地构造体系复合问题》，1955年的《地壳运动问题》（讨论提纲），1957年的《莲花状构造》，1959年的《东西复杂构造带和南北构造带》……大大丰富和发展了地质力学的内容。

1959年1月，我在青岛疗养，正式开始《地质力学概论》的写作。经过一个多月的努力，整理出来的文稿大约八万字，题目初定为《地质力学的方法与实践》。

我将初稿带到北京打印出来，并请地质力学研究室的同志们进行讨论，广泛听取大家的意见。他们提出了很多探讨性和建设性意见，共有170多条。根据大家的意见，我认为这本书的内容还有扩大的必要。

在初稿的基础上，我进行了修改和补充，扩充到13万多字。我在地质力学研究室就修改稿又组织了一次讨论，时间长达一个月，大家又提出了一些新的问题和意见。

1960年和1961年，我对稿件再次进行补充和修改。我搜集、编制了许多插图，请绘图工程师精心清绘。我还派一些年轻的科研工作者到野外检查构造型式的某些部位，补充一些新资料。

1962年初，我终于完成了《地质力学概论》这部著作。这是我40年实践经验的总结，也是我在地质力学方面的代表作。

这本书将几十年来形成的地质力学独特的工作方法分为7个步骤，开辟了研究地质构造现象和探索解决地壳运动问题的新途径。

不少地质工作者直接给我写信，想要得到《地质力学概论》这本书。在学习的过程中，有人遇到一些问题，又给我写信，请求解答。我总是及时地一一答复。有的解答长达2000多字，还附有插图。

《地质力学概论》一书的出版为开办地质力学进修班创造了条件。地质力学研究所经过积极准备，于1962年10月31日正式开办地质力学进修班，便于青年地质工作者系统学习地质力学。

第一期进修班办得生动活泼。进修时间在一年左右，进修班将《地质力学概论》作为主要进修教材，同时还组织学员到野外实地考察。结业时，每个学员都要用地质力学的观点和方法写一篇实习论文或实际工作报告。

我十分重视地质力学进修班学员的学习，每期都要讲话，有时还同他们一道研究探讨、解决学习中遇到的一些问题。

成功举办三期地质力学进修班后，一些地区、有关单位和某些地质队也分别举办了地质力学进修班，有关院校建立了地质力学系或地质力学教研室。

不少外国地质学家、工程师专程来中国考察地质力学的成果，并互相交流经验，《地质力学概论》也在世界范围内流传开来。

科学家小故事

应得的地质科学奖励

1959年5月29日，经苏联科学院主席团评选，授予李四光"卡尔宾斯基金质奖章"。

同年12月6日，李四光收到尼古拉耶夫教授等的贺信："热烈地向您祝贺这一应得的奖励。同时，非常高兴地感到，苏联地质界对您崇高的工作和在中国积累的地质科学经验，做出了公正的总结。这些经验已远远超过国家的界限而为全世界所共知。"

14
为中国摘掉"贫油国"的帽子

> **科普小贴士**
>
> **新中国的地质事业**
>
> 　　1950年8月,中国地质工作计划指导委员会成立。1952年,地质部成立,李四光任部长,统一安排并组织实施全国地质工作,开启了新中国的地质事业。
>
> 　　在基础地质方面,编制了二十万分之一的地质填图以及百万分之一和三百万分之一的各种专业图件。20世纪60年代前期,出版地层和古生物两个系列专著,是新中国成立后第一次大规模的总结。
>
> 　　在应用地质方面,石油地质学和煤地质学的发展提高了沉积和古地理的研究水平,为规划工作服务的全国性油、煤、矿产及水文等图件的编制,加强了基础和应用的联系。

这才是你该追的星
李四光

不同意"中国贫油"论

20世纪50年代,我运用地质力学理论指导全国石油地质普查的战略选区工作。

有人说中国贫油,但我通过几十年来的地质力学研究经验及对中国地质构造的调查研究,深信我国石油资源蕴藏量丰富,关键是要抓紧做地质勘探工作。

1954年3月1日,我应邀到燃料工业部[①]石油管理总局做了题为"从大地构造看我国石油勘探的远景"的报告。石油管理总局的负责人和8位苏联专家参加了这次报告会。

在报告中,我指出了我国石油勘探远景最大的三个区域:"青、康、滇、缅大地槽;阿拉善—陕北盆地;东北平原—华北平原。"

我的报告长达一天。报告结束后,苏联专家发言,表示赞成我的见解,认为我的报告"内容丰富而深刻"。

1955年1月20日,地质部召开第一次全国石油普查

---

① 国务院原有组成部门,已撤销。

工作会议，我在会上致开幕词。许杰副部长做了"关于1955年石油、天然气普查工作的方针与任务"的报告。

根据这次会议的决议，地质部组建了新疆、柴达木、鄂尔多斯、四川、华北5个石油普查大队。在这5个石油普查大队中，有24个地质队、18个物探队、20个地形测量队，共计1200余人。6月，又决定组织松辽平原踏勘组。

探到具有工业价值的油流

1955年，是全国石油地质普查工作大丰收的一年：发现很多可能储油的构造，对华北平原、松辽平原进行概略普查，认为这两个地区具有较好的含油远景，值得进一步挖掘。

1956年1月下旬，地质部召开第二次全国石油普查工作会议，总结1955年工作，布置1956年任务。各普查大队队长和技术负责人参加了这次会议。

2月4日，我就如何在总结过去勘探成果的基础上，在选定的油区内迅速发现油田，从而对我国天然石油远景做出可靠的评价问题，做了详细的书面报告。

这个报告对1956年内如何在柴达木盆地、西藏黑河地区、华北平原、新疆地区、四川盆地和鄂尔多斯及六盘山区域部署物探和钻探工作,提出了具体意见。

经过3年的石油普查工作,在新疆、青海、四川、江苏、贵州、广西及华北、东北等含油远景区找到几百个可能的储油构造,在柴达木油砂山、冷湖、马海等构造上探到具有工业价值的油流。

1958年初,由石油工业部、地质部负责人参加的石油促进会在成都召开。

当年3月,四川的龙女寺、蓬莱镇、南充等构造相继出油,开辟了我国西南石油工业基地。川中油田的发现,证明我1955年提出的离开山前拗陷上"台"找油的意见是正确的。

地质部松辽石油普查大队,经过1956年、1957年的地质、钻探和物探工作,对松辽构造有了进一步认识,肯定松辽盆地是很有希望的含油盆地。

1958年2月,石油工业部和地质部共同发出"三年攻下松辽"的战斗号召。地质部从四川、青海、陕甘宁调集队伍,加强松辽找油工作。

在吉林省扶余县前郭旗的一个钻井中,首次遇见厚达70厘米和50厘米的油砂岩层。6月17日,在公主岭西北杨大城子镇附近的一个钻井中,遇到了一个新的厚度在3米以上的含油砂岩层,岩芯取出后有原油渗出。

6月25日，新华社根据这些资料，发出了《松辽平原有石油》的报道，报道指出："松辽平原不久将成为我国重要的油区之一。"

9月24日，石油工业部在黑龙江省肇州县高台子构造松基三井，首次获得自喷工业油流。9月26日，地质部在吉林省扶余县雅达红构造扶二十七井获得工业油流。

相继发现多个油田

我国东部找油取得了历史突破，迎来了1960年大庆油田大会战的胜利。大庆油田的发现，是我国东部找油的一个重要突破。此后，我更加强调构造体系对油区的控制，并对全国石油地质工作进行新的战略部署。

1959年12月，地质部召开石油普查专业会议，我对当时的石油普查和勘探方向，提出了7个新的重要工作地区。

此后，石油普查队伍沿着新华夏构造体系沉降带，在不太长的时间内接连取得重大成果，华北、下辽河、江汉等地区相继发现一批油田。

自1955年进入华北平原工作以来，经过5年的摸底，地质部对平原地下的构造轮廓有了大致了解，初步

这才是你该追的星
李四光

圈出8个沉积拗陷。1960年，将大部分力量由松辽地区转移到华北地区。

1960年9月，与石油工业部协商决定，石油勘探以松辽为重点，由石油工业部统一指挥；石油普查以华北为重点，由地质部统一安排，并建立由地质部和石油工业部共同参与的华北石油勘探指挥部。

1961年2月14日，在河南沁阳七井，第一次见到油砂。此后，在河北静海、黄骅、蠡县，山东沾化、临邑，首都近郊大兴县等地，均见到了多层油浸砂岩。这说明在华北油区发现多个油田的可能性。

同年9月22日，我根据当时已经取得的地质资料，进一步分析了我国东部油田的分布规律。

1962年9月，石油工业部在山东广饶东营深钻，突破了富集油层，高产原油连续喷出达数月之久，创造了当时国内产量最高的油井。这就是现在的胜利油田。

同时，地质部在沾化义和庄、黄骅羊三木也发现了不稳定的油流和相当厚的多层油砂。这就是现在的大港油田。

1963年11月17日至12月3日，第二届全国人民代表大会第四次会议召开，会上宣布了松辽油田的成就，并指出这个成就是在

我国自力更生、奋发图强的指导方针下取得的。与会代表非常振奋。我国需要的石油，基本可以自给了。

> **科学家小故事**
>
> ### 被毛主席夸"太极拳打得好"
>
> 第三届全国人民代表大会期间，一天，李四光刚走进人民大会堂，一位工作人员就说："李老，请你到北京厅去一下！"
>
> 李四光来到北京厅门口，刚跨进一只脚，发现毛主席在里面，他喊了一声："主席。"赶紧抬脚向后退去，同时抱歉地说："主席，对不起，我走错了门。"
>
> 毛主席走过来，紧紧握住李四光的手并告诉他没有走错，同时感慨李四光的太极拳打得不错。李四光一时不明白毛主席的意思，心想：毛主席怎么知道我打太极拳呢？
>
> 原来，毛主席说的是"打太极"，实际谈的却是石油问题。太极拳讲究内功，看似柔和舒缓，实则刚劲有力，李四光找油，就是按太极章法。

15

"地震是可以预报的"

> **科普小贴士**
>
> ### 李四光地质科学奖
>
> 李四光地质科学奖是中国地质行业最高层次的荣誉，于1989年1月设立，共有四个奖项：李四光野外地质工作者奖、李四光地质科学研究者奖、李四光地质教师奖和李四光特别奖。
>
> 李四光地质科学奖每两年评定一次，一人只能被授予一次，并作为终身荣誉。每次奖励人数控制在15人左右，其中，野外工作者获奖人数不得少于50%。
>
> 截至2021年，共有268位地质工作者获得这一荣誉。其中，有42位获奖者当选中国科学院院士或中国工程院院士。

15 - "地震是可以预报的"

关注地震预报问题

我国是一个多震国家,大力开展地震地质和地震预报工作,是一项刻不容缓的重大任务。

1962年,广东新丰江水库发生地震;1966年,邢台发生强烈地震,我因此很焦虑。在我生命的最后几年,我用了很大的精力抓地震预报工作。

1966年3月8日5时,河北邢台地区发生七级以上的强烈地震。当天下午,我出席了中央有关部委负责人参加的紧急会议。会议商定,地震现场探测的资料送回北京,由我主持进行研究。

同时,根据会议精神,我组织了一个地震地质考察小队,连夜赶赴震区。我向小队的同志详细交代了任务,要求他们根据震区的地质构造特征,查明地震发生的原因和范围,推测地震可能扩展的趋势,探索地震预报的方法。

不久,我又请河北省地质局在尧山附近打了一口百米左右的试孔,以便进行对

比和研究。随后,在尧山和北京地质力学研究所之间设立了电台和专用电话,同时抽调干部,成立地震地质办公室。

那些天,我几乎天天守在办公室,等待尧山的消息。我把每天的地应力变化绘制成曲线图,仔细分析研究,监视震情的演变。

针对"地震是不能预报的"这个说法,我有自己的见解,我认为地震是可以预报的,我们需要艰苦、细致的工作,以探索发生地震的规律。

4月22日早上,我赴河北邢台尧山考察。

我考察了设在尧山的地震观测台和地应力观测站,考察了地震引起的地表形变现象,还同科学工作者一起座谈,探讨地震预报的途径,分析今后地震可能发展的趋势。

实地考察后,我亲自指导邢台地震地质考察队编写《邢台地震地质初步考察报告》,并同考察队的同志一起反复修改。这份报告概括论证了地震发生的原因与急需解决的几个问题。

1969年,为了加强对地震工作的统一领导,中央决定成立地震工作领导小组,由我担任组长。

为了指导全国地震工作,我经常分析研究观察资

15 – "地震是可以预报的"

料,还多次深入房山、延庆、密云、三河等地区,调查地震地质现象,视察地震地质工作。

最后一次同基层考察队谈话

1969年4月,在中国共产党第九次全国代表大会上,我被选为中央委员会委员。1970年8月,地质部与国家计委合并,成立国家计委地质局,我调任国务院科教组组长。

1971年4月20日,我听取了石油部六四一厂和国家计委地质局第二海洋石油地质考察队的负责人的汇报,还同他们谈论了渤海地质构造与找油的关系。这是我最后一次同基层考察队谈话。

4月24日,我的体温突然上升到38摄氏度,紧急住进了北京医院。4月29日上午8时30分,由于动脉瘤突然破裂,肚子剧烈疼痛,我很快就陷入昏迷。

1971年4月29日11时,我离开了这个世界,永远地告别了一生热爱的地质工作。

这才是你该追的星
李四光

> **科学家小故事**
>
> ### 留下一张意味深长的纸条
>
> 李四光去世后,大家在他的床头发现一张纸条,上面写着:"在我们这样一个伟大的社会主义国家里,我们中国人民有志气、有力量克服一切科学技术上的困难,去打开这个无比庞大的热库,让它为人民所利用。"
>
> "如果我们不这样做,而还是走资本主义陈腐的老路,把地球交给我们珍贵的遗产——煤炭之类内容极其丰富的财富,不管青红皂白一概当作燃料烧掉,不到一千年,我们的后代,对我们这种愚蠢和无所作为的行径,是不会宽恕的。"